中医创新创业实务

（供中医药类专业用）

主　编　苏绪林　王家陟　莫长忍

副主编　田秀蓉　明　荷　戴友军

编　者　（以姓氏笔画为序）

王家陟（重庆三峡医药高等专科学校）
田秀蓉（重庆三峡医药高等专科学校）
冉　茜（重庆三峡医药高等专科学校）
朱　力（重庆百会体育产业有限公司）
刘亚娟（天津红日药业股份有限公司）
祁春花（深圳市容大生物集团有限公司）
许周洁（重庆三峡医药高等专科学校）
孙金政（北京宜生健康科技有限公司）
苏绪林（重庆三峡医药高等专科学校）
李勇华（重庆三峡医药高等专科学校）
肖　燃（重庆五蕴天恩儿童健康管理有限责任公司）
张光宇（重庆三峡医药高等专科学校）
陈春梅（重庆三峡医药高等专科学校）
明　荷（重庆三峡医药高等专科学校）
胡　波（重庆三峡医药高等专科学校）
姜兴鹏（重庆三峡医药高等专科学校附属人民医院）
莫长忍（重庆三峡医药高等专科学校）
陶春明（自贡市沿滩区瓦市镇中心卫生院）
蒋　谷（万州区平生堂中医馆）
韩　月（重庆三峡医药高等专科学校）
谢　寒（重庆三峡医药高等专科学校附属人民医院）
戴友军（重庆三峡医药高等专科学校）

中国健康传媒集团
中国医药科技出版社

内容提要

本教材分上下两篇。上篇为中医创新发展实务，主要包括中医理论与实践的创新发展案例、互联网+中医创新实务，剖析创新发展历程，结合思维导图，启迪中医创新思维，提高学生对中医理论创新的认识，增强学生理论创新能力。下篇为中医创业就业实务，主要包括考取中医执业（助理）医师资格证、医院就业、企业就业、自主创业等实务指导，为学生创业就业提供指导思路，提升学生的创业就业能力。本书供高等职业教育中医药类专业使用。

图书在版编目(CIP)数据

中医创新创业实务/苏绪林,王家陟,莫长忍主编.—北京:中国医药科技出版社,2023.12
ISBN 978-7-5214-4378-3

Ⅰ.①中… Ⅱ.①苏… ②王… ③莫… Ⅲ.①中医学院—大学生—职业选择 Ⅳ.①G647.38

中国国家版本馆CIP数据核字(2023)第235181号

美术编辑 陈君杞
版式设计 友全图文

出版 **中国健康传媒集团** | 中国医药科技出版社
地址 北京市海淀区文慧园北路甲22号
邮编 100082
电话 发行：010-62227427 邮购：010-62236938
网址 www.cmstp.com
规格 787×1092mm 1/16
印张 5
字数 111千字
版次 2023年12月第1版
印次 2023年12月第1次印刷
印刷 北京印刷集团有限责任公司
经销 全国各地新华书店
书号 ISBN 978-7-5214-4378-3
定价 39.00元

数字化教材编委会

主　编　苏绪林　王家陟　莫长忍

副主编　田秀蓉　明　荷　戴友军

编　者（以姓氏笔画为序）

王家陟（重庆三峡医药高等专科学校）
田秀蓉（重庆三峡医药高等专科学校）
冉　茜（重庆三峡医药高等专科学校）
朱　力（重庆百会体育产业有限公司）
刘亚娟（天津红日药业股份有限公司）
祁春花（深圳市容大生物集团有限公司）
许周洁（重庆三峡医药高等专科学校）
孙金政（北京宜生健康科技有限公司）
苏绪林（重庆三峡医药高等专科学校）
李勇华（重庆三峡医药高等专科学校）
肖　燃（重庆五蕴天恩儿童健康管理有限责任公司）
张光宇（重庆三峡医药高等专科学校）
陈春梅（重庆三峡医药高等专科学校）
明　荷（重庆三峡医药高等专科学校）
胡　波（重庆三峡医药高等专科学校）
姜兴鹏（重庆三峡医药高等专科学校附属人民医院）
莫长忍（重庆三峡医药高等专科学校）
陶春明（自贡市沿滩区瓦市镇中心卫生院）
蒋　谷（万州区平生堂中医馆）
韩　月（重庆三峡医药高等专科学校）
谢　寒（重庆三峡医药高等专科学校附属人民医院）
戴友军（重庆三峡医药高等专科学校）

前 言 PREFACE

我国非常重视创新创业教育工作，要求将其贯穿于人才培养的全过程。创新创业教育一般分为普适性教育和专业性教育。当前，普适性创新创业教育已经有成熟的课程和教材，但针对具体专业的创新创业教育课程非常缺乏。

针对高职中医类专业创新思维培养薄弱、学生就业创业知识匮乏等问题，编写组结合中医类专业特点，历经近3年的探索和实践，开发了中医创新创业实务课程，特编写本教材，旨在提高创新创业教育质量。

本教材突出三个特点。

一是对接需求，培养创新创业能力。顺应时代发展要求，结合专业实际，对接中医的发展及临床工作岗位能力需求，培养学生的中医、中药、针灸等方面的创新思维能力，从医院、企业工作和自主创业三个角度，为学生提供就业创业指导，提高学生的就业创业能力。

二是对接岗位，强化行业准入指导。针对高职中医类专业全国执业（助理）医师考试通过率，对接行业准入要求，按照中医执业（助理）医师资格考试要求，加强考试介绍、学习指导、应试指导，提高学生执业准入考试过关率。

三是校企合作，突出实务案例引导。按照“项目导向，任务驱动”的教学理念，校企合作，创新者、就业者、创业者共同合作，精选专业相关的创新创业案例，激发学生学习兴趣和创新创业热情。

本教材分上下两篇。上篇为中医创新发展实务，主要包括中医理论与实践的创新案例、互联网+中医创新实务，通过案例剖析创新发展历程，启迪中医创新思维。下篇为中医创业就业实务，主要内容包括考取中医执业（助理）医师资格证、医院就业、企业就业、自主创业等实务指导，提升学生的创业就业能力。本书为书网融合教材，学生可扫描书中二维码，阅读相应内容。

在教材编写过程中，得到了学校各部门的支持和指导，编写组在此表示衷心的感谢！

由于水平所限，难免有不妥之处，敬请广大读者在使用本教材过程中提出宝贵意见，以便今后修订完善。

编 者

2023年10月

CONTENTS 目录

上篇　中医创新发展实务

下篇　中医创业就业实务

上篇　中医创新发展实务

项目一　中医理论与实践的创新发展案例

案例一　中医“健康微阳态”理论创新与应用

项目 1–1

学习目标

1. 熟悉中医“健康微阳态”理论创新的思辨与实践过程。

2. 了解中医太极、阴阳、五行理论的渊源及“道法自然”的方法论。

3. 会以“道法自然”的思维方法去理解中医药理论，在自己感兴趣的医药领域创新发展。

案例导读

请大家试着想象这样一个情景：一个大爆炸诞生了宇宙，宇宙的一隅存在着银河系，由银河系到太阳系，由太阳系再到恒星太阳和行星地球，地球上孕育着万千生命，其中的精灵就是人类。放眼宇宙，人类在宇宙中渺小到连一粒“灰尘”都算不上，自然无法摆脱宇宙法则与规律。地球上之所以能孕育生命，与温度、水、大气等条件密切相关，但总的根源还是因为有太阳的存在，这为地球一切生命提供了原始的动力。从自然来看，太阳是生命的根源；从人类生命本身来看，阳气是生命的根源、动力。这个思辨过程，对我们生命的健康会有重要意义吗？

目前，大健康产业发展及中医药发展均已上升为国家发展战略。大健康倡导健康的生活方式，不仅是“治病”，更是“治未病”；消除亚健康、提高身体素质、减少痛苦，做好健康保障、健康管理、健康维护；帮助民众从透支健康以对抗疾病的方式转向呵护健康以预防疾病的新健康模式。中医药有其优势和特色，主要体现为以整体观、辨证论治为核心的科学思维和个性化诊疗的技术方法，中医药临床疗效确切、用药相对安全、治疗方式灵活、费用相对低廉，拥有无穷的创新潜力和广阔的发展空间。面向大健康产业发展，中医药大有可为，前景光明。

基于以上认识，对传统中医理论进行了思辨，在“天人合一”的中医药理论源泉中汲取养分，创新提出了“健康微阳态”的中医理论，能有效指导临床诊疗和养生保健，对大健康产业发展具有重要意义。

思考题：中医的临床辨证思维有哪些？

一、创新发展历程

（一）理论渊源

1.“微阳态”中医理论渊源

（1）太极　“道法自然”。《易经》认为，顺应自然为“吉”，不顺应自然则为“凶”，中医中的天人相应、顺应自然正是渊源于此。对地球生物来说，一切生命渊源于太阳之光热，其自然之道是基于“日心说”的。也就是说，自然之道的核心是地球的绕日运转规律，地球生命的原动力在于太阳。太极图是对在北回归线以北地区，一年内正午杆影长短的测量的呈现，在这个过程中划分出了24节气。《易传·系辞上传》：“易有太极，是生两仪，两仪生四象，四象生八卦。”“两仪”即为阴阳。《道德经》：“道生一，一生二，二生三，三生万物。”其中“一”为阳，“二”为阴，“三”为变化。

（2）阴阳　古人面南，通过观察太阳的周期运动规律，认识了昼夜规律。通过观察太阳周年运动发现了四季规律。通过圭表、日晷等仪器对此进行记载和描绘，由此产生阴阳的观念，再创建了阴阳学说。阴阳的内涵拓展：宇宙间万事万物都可以归结为阴与阳两大类，一切事物的形成和变化，全凭阴阳二气的运动与转换，这就是“阴阳交而生物”。从阴阳的产生渊源看，地球绕日蕴生阴阳，而且阳是主导，阳促进阴的生成。

（3）五行　五行原是指一年或者一个收获季节中，太阳的五种运行状态。太阳的运行状态不同，阴阳二气的状态就不同，气候寒暖程度不同。五行就是一年或一个收获季节中的五个时节。五行理论渊源在于十月太阳历法将一年分五行（五季）。十月太阳历之一季称为一“行”，是指气候会随着时序的迁移而不断地移行。一年五季气候移行变化的规律正好体现了五行相生之序，因此五行以及五行相生之序是自然规律的体现。《素问·阴阳应象大论》：“天有四时五行，以生长收藏，以生寒暑燥湿风。”《素问·六微旨大论》：“非出入，则无以生长壮老已；非升降，则无以生长化收藏。”由此亦可认为，五行是天地之气升降出入的运动趋向，即升降出入包括升降平衡和出入平衡。

（4）阳气的重要性　天人相应，人与自然一体，阴阳、五行学说布于人体而应于脏腑、经络、气血等组织结构，从而产生了中医理论。“阳气者，若天与日，失其所折寿而不彰，故天运当以日光明”“凡阴阳之要，阳秘乃固”。郑钦安《医理真传·卷二》曰：“人之所以立命者，在活一口气。气者，阳也。阳行一寸，阴即行一寸，阳停一刻，阴即停一刻，可知阳者，阴之主也。”

2.生命起源论现代阐释　《道德经》曰：“人法地、地法天、天法道、道法自然。”随着现代物理学的发展，我们所认识的“自然”与“天”，相较于古人而言，已有极大的改变。宇宙，是由空间、时间、物质和能量所构成的统一体；是一切空间和时间的总和。银河这条光带是由无数颗星星组成的。在银河系内，绝大部分可见的恒星位于一个巨大的薄盘之内。太阳系，几乎位于银河系这个盘的中心平面，并且更趋向于盘的外边缘而不是盘的中心，因此我们看到的只是盘的侧面，一条名为“天河”的白色光带。太阳是一颗恒星。太阳系是以太阳为中心，受太阳引力支配而环绕其运行的天体所构成的系统。太阳系的成员包括太阳、八颗行星及其卫星、众多小行星、彗星、流星体和行星际物质等。地球，外部有稳定的太阳光照、安全的宇宙环境，内部有表面温度适宜、液态水和适宜大气等条件，故能孕育出丰富多彩的生命。

生命的起源：在量子力学所描述的微观世界中，充满了绝对的随机性，所以从量子力学的角度来看，生命就是由一堆无机物的随机坍缩而产生的，通过一次随机的坍缩组合，一堆无机物成为了一个有机物，这个有机物就是一个生命，是一切的开始。事物的发展都是需要消耗能量的。有些能量的消耗是不可逆的，比如开水变凉，要让水再次烧开，就需要消耗电能，电能的产生需要水的势能、风能或者核反应等。地球上的万物都会不断消耗这些能量，在太阳系中的地球，其能量就来源于太阳。对生命而言，万物的生长靠太阳。

综上，地球因太阳而孕育生命，太极、阴阳、五行等中医药理论均渊源于地球绕日运行的古代天文学所认识自然之道，人体健康的阴阳自和、阴平阳秘均为阴阳运动变化的结果。天人相应，无论是自然还是人体之道，在阴阳运动变化中起主导作用的为阳，而非阴。结合宇宙全息能量的来源、转化认识，可认为生命之“生”的动力在于人体的阳气。

（二）“健康微阳态”理论

中医学认为，健康是个体处于“阴阳自和”“形与神俱”“天人合一”的最佳功能状态。当机体受到内外环境的刺激时，通过阴阳的自我调整，使人体脏腑、经络、气血等功能保持正常。“阴平阳秘”为未病；机体阴阳接近平衡，为欲病；机体“阴阳失衡”为已病。可见，人体的健康状态为阴阳运动协调和变化状态。

“阴平阳秘”可从一定角度理解为“平衡”，但许多非平衡的内容亦为其所包含。“阴平阳秘”并非“阴阳平衡”，不用“平衡”定义健康，而用“正常值”来界定，即用“正常”定义“健康”。这个“正常值”是阴阳消长动态有序、稳定、协调的状态，即“和”状态，这个状态包含从微阳、平衡到微阴的状态过程。微阳、微阴虽属于阴阳运动的衰亢范畴，但衰亢甚微，尚处于轻微量变的状态，不足以导致病理的质变。

微阳、平衡和微阴态均属于健康状态。当外感、内伤等因素作用于人体，人体正气主动御邪，阴阳运动适当协调，使人体趋于稳态。根据阳主阴从理论，阳性主动，阴之运动为被动，故“微阳态”相较于“平衡态”和“微阴态”的人体，对病理因素的反应和抗邪能力更强，即抗病能力及愈合能力更强。临床中，病邪入侵人体，阳态体质者易从阳化热，阴态体质者易从阴化寒，常见阳热证相对于阴寒证易治。从心理应激能力看，光明、开朗、积极向上等性格之微阳态优于微阴态，故人体的心理状态宜“向阳”。从社会适应能力看，微阳态也是优于微阴态的。可见，人体的微阳态从“生物－心理－社会”医学模式来看是值得追求的状态。总之，“阴平阳秘”的微阳态，是基于“阳主阴从”理论的认识，人体处于阴阳有序、协调和稳定的稳态平衡中的略微阳盛状态，其脏腑气血充足，功能为正常中之激盛状态，表现为机体健康，积极进取、性格开朗、反应灵敏，其抗病康复能力、心理应激能力、社会适应能力均为健康状态中之激盛者。

微阳态为健康的最佳状态，是阴阳偏盛偏衰的调治趋势，是养生保健的目标状态。

（三）新理论的应用

1. 指导临床

（1）阴阳盛衰　阴盛实寒，或在表或在里，均当温散，用麻黄、桂枝、羌活、独活、荆芥、防风等辛温解表，或干姜、附子、吴茱萸、川椒等温里散寒。实寒证多为急性病证，可放心用较大剂量温散药物，待患者有微热证即可停用。若温燥已稍过甚，患者燥火或伤阴证已显，停药后稍作调治即可，均以微阳态为期，不宜过于寒凉或大剂阴柔。如风寒湿痹，大剂温散之后，患者口干舌燥、身体回温，痹痛较快缓解，燥火伤阴之“副作用”不宜过于清解，以缓回微阳为要。阳虚虚寒，多为慢性病证，宜较大剂温补，如理中、大小建中等剂或干姜、附子、肉桂等药，但不可过用、久用。寒象不著，阳虚者少用姜桂附，多用补骨脂、杜仲、怀牛膝、川续断、鹿角霜、菟丝子、仙茅、仙灵脾等温柔补阳药物，不宜过于温燥。这类慢性病证，均宜维持患者轻微“上火”状态，因为这种状态返回微阳态较易。为防止燥火伤阴，一般在较多温阳药物的基础上配用小剂养阴药物，一则制约，二则“阴中求阳”。

阳盛实热，急重证治宜大剂清解或泻下，以达“截断扭转”“釜底抽薪”之效。但根据微阳态理论，非急重证则不宜过于清解或泻下，至热象不甚时宜缓图，微热无碍，但不宜出现寒凉证。阴虚虚热，宜滋阴清热，清热不宜过重过快，滋阴为主，至微热即可。热象不甚，则在较多养阴药物的基础上配用小剂温养药物，总以微阳为期。

阴阳盛衰和寒热之象并不明显，难以判断时，根据微阳态理论，可先行小剂温散或温补，待热象出现再缓调；亦可根据情况适当较大剂温散或温补，待热象显著再返调回微阳态。如临床感冒、咳嗽寒热之象均不明显而难以判断时，可先按风寒治之，待热象明显而转风热治疗。寒热错杂证，可视情况先行温补温散，或温多清少并用，待热象明显而无寒象时，再缓缓清解即可。这与医学科研之动物“造模”有相似之理。

气血亦为一对阴阳，气虚甚者宜大补，气有余便是火，待出现微热为佳，若出现明显的火热伤津之象，只需稍微清养即可，以微阳为期。气虚不甚者，少火生气，轻微温补以达微阳。血虚缓者，宜补血为主，稍加补气。血虚甚者，则宜补气为主，稍加补血。气血两虚者，宜气血双补，补气为主。调治气血，总不离气之“阳性主动”，总趋微阳。

（2）恶性肿瘤中晚期　有学者以病灶局部与全身整体相结合进行阴阳辨证，分析肿瘤发生、发展过程，结论认为阴阳交感失序是肿瘤病灶结构、功能低级化的原因，阴阳气机失调是病理产物形成的关键。自《黄帝内经》开始，历代医家常将阳虚、寒积作为肿瘤发病的关键因素，认为阳虚贯穿于肿瘤的发生、发展及演变过程中，是发病的内在条件和疾病过程中的一种病理表现。有学者认为，补益人体正气之扶阳法，是治疗因体内阳气虚弱或阴寒所致病证之大法，是治疗恶性肿瘤的重要治法。

恶性肿瘤的治疗当重补法。恶性肿瘤，尤其是处于中晚期时，耗损人体正气势猛，一般发展迅速，病势较凶，预后不良。中医诊查，恶性肿瘤初期多实，痰瘀互结、湿热、气滞、痰热，可概属于癌毒；中期虚实夹杂，虚为气血阴阳亏虚，尤以阳气亏虚、气血亏虚为主；晚期正虚突出，实邪甚微。临床实践观察，恶性肿瘤患者若处于实证状态，正气尚可，则诸症较轻，生活质量较虚证为高。一旦转虚，则生活质量快速下滑，恶性诸症尽显。由实转虚，四诊合参可知，其舌苔变化是突出标志，只要舌苔维持较厚则正气尚存，尤其是胃气尚存，有一分胃气则有一分生机。在恶性肿瘤初中期，若因尤想“杀癌细胞”，一味攻伐，滥用清热解毒药物，苦寒败胃，或有短效，但可能缩短生命时间，生活质量可能下降。无论恶性肿瘤初期纯实，中期虚实夹杂，还是晚期纯虚，均应大补阳气或以补气为主进行气血双补，扶助正气。初期攻伐可为主，中期则为次，晚期可不用。使患者的机体维持阳热状态，舌苔长期维持较厚状态，总体获益可能强于其他疗法。这似乎犯了“虚虚实实”之戒，违反了“以平为期”之则，实则符合微阳态理论，这也是一种以补为主的“截断扭转”疗法，一种预防性治疗，属“治未病”范畴，对一些难治性预后差的慢性疾病较为实用。

2. 指导平人养生保健　微阳态是健康状态，人体的生命活动是以阳气为主导的阴阳和谐，阳气不足或不通是功能异常的关键。平时养生保健或调治亚健康应强调对人体阳气的调适，主要在于适度的温养。老中医李可先生提出“春夏养阳，秋冬固阳”的养生原则，认为“一年四时、春夏秋冬，养生终不离固护阳气”。适度的温养正与微阳态理论相符。

嗜食寒凉、烦劳太过、作息非时，最容易消耗人体阳气。因此，食饮应有度，不可过食寒凉、生冷；调节七情，情绪放松，不可神机过用；劳逸结合，适度运动。多晒太阳，做适度的日光浴，但不可过晒、暴晒。常服温补食物以及温补药膳，以轻微“上火”为度，待缓回微阳即可。平人养生的丸散膏丹，应以温补脾肾、益气为主，以气血双补为主。艾灸为常用温补阳气之法，各类外用温灸药膏、药片，专用于督脉、腰膝等部位的温灸穿戴产品均可适当应用，以达到或维持微阳态为目标。

3. 研发系列养阳产品　根据“健康微阳态”理论，在严格遵守国家法律法规的前提下，为了达到这个目标状态，可以研发一系列养阳产品，用于养生保健，包括内服制剂和外用制剂。

内服制剂可以是普通食品、保健食品或药品，每类制剂都应遵守国家的相应标准和管理规定。研发周期相对较短，投入较小的是普通食品。可以在国家卫健委公布的“既是食品又是药品的品种目录”内选择药食同源的品种，按照中医理论指导组方，按照食品制作方法调整口感，选择多种食品形式，进行反复优化，制作出普通食品，如养阳饼干、养阳面条、养阳蛋糕、养阳方便面、养阳方便粥、养阳药酒、养阳膏方、养阳口服液等。其中，灌装养阳茶饮是一个很好的研发方向。根据“健康微阳态”理论可知，目前市场上的诸多“凉茶”并不适合大部分人群，或许可以代之以“阳茶”。目前市场上尚无相关产品，故市场前景极为宽广。研发保健食品或药品，则药物选择范围更广，但相应的要求更高，投入更多，难度更大，如研发养阳颗粒、养阳胶囊等。

外用制剂包括膏药、穴位贴膏、泡足药包、酊剂等，外用温阳、养阳药物多温燥，或可能有一定的毒性。附子、半夏、天南星、干姜、肉桂、高良姜、荜茇、小茴香、艾叶、细辛等药物均可外用。其中，养阳的穴位贴膏具有较好的研发前景，简便实用。须指出的是，目前中医药相关法律规定，除规范的院内制剂外，尚不允许批量自制药物销售或临床应用，但允许在中医药理论指导下，对患者辨证论治，加工制作适用于个体的自制药物制剂，如药粉、药丸、膏药、药酒、药酊等。

二、案例启示

（一）实践是中医药理论创新的源泉

中医源于数千年人们的生产生活与临床实践，在实践中产生、发展，并经代代传承，不断创新发展。“健康微阳态”理论产生于对生活中的一个现象而出现的思维萌芽。这个现象在生活中十分常见。大家都是经诸多体检指标证实的“正常人”“健康人”，但显然有的平时“精力充沛”，有的则“无精打采”，这就是“微阳”与“微阴”状态，也显然“微阳”状态优于“微阴”状态，其“生命力”及预期生活质量、人生成就也较高。那么，进一步思考，为什么会“微阳”状态优于“微阴”状态？于是，对中医药理论的本源进行追溯，对“天道”“自然”的本源进行思辨，分析认为这种现象竟然是根源于地球绕太阳运行，地球生命靠太阳这个自然规律。最后，创新提出了“健康微阳态”理论。这就是以“天道”论“人道”。

（二）创新理论的根本目的在于实践应用

在提出“健康微阳态”理论之后，再思考，这个理论有什么临床、养生保健价值？怎么样才能达到，或者说追求这种“微阳”状态？由此，才有如上所述成果。这是一个以生活实践为启示，进行理论思辨而创新提出中医药理论，进而又指导临床，研发系列产品。这是一个有可能实现产业化发展的创新实践过程。这样的创新是有实用价值的，能为经济社会做出实在的贡献，为人类的健康事业做出贡献，也能进一步丰富中医药理论，能弘扬中医药文化，促进中医药产业发展。

（李勇华）

案例二　“络病学说”理论的创新发展

学习目标

项目 1-2

1. 熟悉络病学说的创新发展历程。

2. 了解络病及络病学说的概念。

3. 能说出中医络病学说发展的三个里程碑以及指导络病治疗的三大理论框架的代表作。

案例导读

络病学主要研究络病学说及其临床运用。络病学说是研究络病发生发展及诊断治疗规律的应用理论，络病广泛存在于多种内伤疑难杂病和外感重症的病理状态。

络病思想，萌芽于《黄帝内经》。仲景首次将虫药用于络病的治疗。清代是络病学说思想发展的成熟时期，其中以叶天士为代表，提出了“久病入络，久痛入络”等论点，至今仍影响着现代临床医家。近代著名医家恽铁樵及章次公先辈，均善用虫类药，将络病学说与通络理论在临床各个领域中进一步开拓。朱良春教授，虫类药物研究专家，是我国当代善用虫药的代表者，撰写《虫类药的应用》，收载虫药100余种，为后续研究虫类药在络病中的应用奠定了坚实的理论基础。

上世纪末本世纪初，以王永炎院士及吴以岭院士为代表的当代著名医家，在整理总结前人经验的基础上，从概念、生理功能、病因病机及理法方药等方面对络脉及络病进行全面深入的研究，并于2006年出版《络病学》。在中医学术发展史上络病理论被系统整理出来，初步形成“络病证治”体系，为络病学科的建立奠定了理论基础。络病学是中医学的一个重要分支，但一直未有长足的发展，直到最近20年，在中医专家的努力下，形成了完整的，集理法方药于一体的络病学理论。通心络胶囊、参松养心胶囊、芪苈强心胶囊等新药被成功研发，并被运用于临床，填补了该领域的空白，使古老的络病学焕发了勃勃生机。

思考题：如何理解“久病入络，久痛入络”？

一、创新发展历程——络病学说发展与创新

《黄帝内经》系统创立经络学说，并提出了络脉的概念。但是《黄帝内经》中的络病和今天的络病含义还不完全一致。张仲景对于络病病因、病机的认识和虫类通络药物的应用对后世有深远影响。清代名医叶天士提出了“久病入络”“久痛入络”之理论。络病学说在中医研究领域里是一门较为新兴的内容。从文献记载中可以看到在基础理论、诊断、治疗等各方面，古人也在逐步认识络病。近20年来，学者们在络脉传统文献的整理研究方

面作了很多工作，对络脉及络病的科学内涵有了较深入的认识，提炼出一系列关于络脉及络病的科学内涵并进行了现代表述。更深一层的意义：这些研究促进了中医理论的进一步完善，也更好地指导了临床，从而推动整个中医事业的进步。由此，我们也可以看到中医古籍文献的整理具有深远的意义。关于络病学文献的研究，从两方面作了归纳：一是对针对性比较强的古典医籍和古代名医的研究，二是现代学者对古文献的研究利用。古典医籍和古代名医的研究主要集中在《黄帝内经》《伤寒杂病论》中及叶天士和他的医案上，而其他古籍和医家涉及络病的研究比较零散。有学者认为叶天士创络病之说，在内伤杂病方面，以及在对温病理论中温热之邪初在气分渐入血络之说及温邪入络治疗方面的创新。

（一）络病学说的形成与发展

1.《黄帝内经》奠定了络病学说的理论基础 春秋战国时期中医学奠基之作《黄帝内经》，首次提出“络”的概念，并奠定了络脉与络病的理论基础。《黄帝内经》首次系统创立经络学说，明确提出“经络”概念，确定了经络系统的基本组成和循行路线，阐述了经络的生理功能和病理变化，并提出了络脉的概念，记载了络脉的循行和分布规律，论述了络脉的生理功能和病理变化，提出诊断方法与络病治法，为络病学说奠定了理论基础。但是，《黄帝内经》中的络病和今天的络病含义还不完全一致。

2.《伤寒杂病论》奠定了络病证治基础 东汉张仲景之《伤寒杂病论》，开辛温通络、虫药通络用药之先河，“络病证治”微露端倪。《伤寒杂病论》是中医学临床奠基之作，也奠定了络病证治基础。张仲景对于络病病因病机的认识和对虫类通络药物的应用对后世的影响很大。叶天士深得其中奥妙“结聚血分成形，张仲景有缓攻通络方法可宗”“鳖甲煎丸方中大意取用虫药有四，意谓飞者升，走者降，灵动迅速，追拔沉混气血之邪”“考张仲景于劳伤血痹诸法，其通络方法，每取虫蚁迅速飞走诸灵，俾飞者升，走者降，血无凝著，气可宣通，与攻积除坚，徒入脏腑者有间”，可见络病治疗和一般活血化瘀、攻积除坚不同，突出强调了络病辨证及通络治疗的独特临床价值。张仲景创制的旋覆花汤被后世尊为治络病祖方。

3. 清代叶天士发展了络病学说 清代名医叶天士提出“久病入络”“久痛入络”，发展络病治法用药，将络病学说推进到新的高度。清代名医叶天士是一位温病大家，他的《临证指南医案》体现了他的学术思想。叶天士创建温病卫气营血辨证，推动了继《伤寒杂病论》之后外感温热病的重大学术发展。关于内伤杂病的治疗他继承《黄帝内经》络病之说及张仲景络病证治的用药经验，提出了“久病入络”“久痛入络”之理论。

“医者不知治络之法，则愈究愈穷矣”，“久病入络”“久痛入络”的思想和多角度的治疗方式更彰显了络病学说的丰富内涵。辛味通络、虫类通络、络虚通补等治法，使仲景治络之法更为系统。叶天士的络病治疗常用于治疗中风、痹证、癥积等内伤疑难杂病，其温病卫气营血辨证论治显然也吸取了络病学说的学术思想，从而使络病学说既指导内伤疑难杂病又指导了外感重症的辨证和治疗，使络病学说的发展取得重大突破与进展。

清代吴鞠通尊叶天士为师，在络病治疗方面继承其思想并发扬奇经理论，善用旋覆花汤横通肝络，善用辛散之品。清代著名治瘀大家王清任的许多治瘀名方都受到络病学说的影响。王清任善用引经药，引药入病络；注重气血辨证，开创补气通络之法。

（二）络病学说的继承与创新

1. 络病学说的三大理论框架基本形成　当代络病学说的继承与发展为络病学科的建立奠定了理论基础。“经络学说”是中医学的重要内容，但近200年来，谈“经”者多，论“络”者少。“络”是什么，络病是什么病，即使是中医也不一定说得清。如今，“络病学说与针灸理论的基础研究”项目研究成果填补医学的这一空白。《络病学》教材的编写，使“络病学”成为一门独立完整的中医学科。于2011年完成了《脉络论》专著，2018年完成了《气络论》专著。络病学是基础，脉络论、气络论是络病学科的两个分支。至此，络病理论三大理论框架基本形成。

2. 以“络病证治”为重点建立络病学说的学术体系　络病学是研究中医络病学说及其临床运用的临床学科，确定络病学的临床学科性质对于明确络病学的研究重点及学科发展方向是必要的。系统建立络病学说是中医学体系自身发展的重大课题，但络病学研究要紧密结合提高难治性疾病疗效这一重点展开，避免络病学说研究走入单纯理论研究脱离临床诊疗实际的歧途。

络病学的主要目标是提高多种难治性疾病的临床疗效，建立指导临床诊断及用药的辨证论治体系。要避免走入既往运用还原分析的方法寻找经络实质的误区。中医经络学说是古人在长期医疗活动中对病理反应和治疗实践的总结，其形成与古代解剖学知识不无关联，为了建立完善的中医学术体系，经络被赋予了某些功能结构的概念。随着现代科学的发展，在络脉的研究领域中不断有新的发现，从而加深了人们对络脉实质及络病发生发展规律的认识。络病学说研究的主要课题是建立“络病证治”这一指导难治性疾病临床辨证治疗的学术体系。正像张仲景“六经辨证”理论，虽未追求六经的实质，但却具有极高临床指导意义，指导外感病辨证论治，“络病证治”也是基于目前所掌握的解剖学知识，从中医学关于络脉及络病发生演变及治疗规律的理论研究中，归纳出内伤疑难杂病和外感重症的辨证论治方法，从而有效地指导临床诊断与用药。络病学说具有重大临床价值，络病学研究的重要性应从中医络病学说发展的历史角度评价。

3. 络病学说是中医学术体系的独特组成部分　络病学说是伴随经络学说而发展起来的，经络学说一出现便受到历代医家的重视和推崇，正如《灵枢》所说“经脉者，所以能决死生，处百病，调虚实，不可不通”。络病学说是指导内伤疑难杂病临床治疗的应用理论。掌握络病发病特点、病理变化、临床特征及治疗方药将会使许多病程较长、反复发作的难治性疾病的临床治疗取得新的突破。近年来，随着人民生活水平的普遍提高，疾病谱发生了很大变化。各种急性传染病的发生逐渐被控制，而许多慢性疾病如心脑血管病、糖尿病等成为危害人民健康的主要疾病。近年运用中医络病理论在认识心脑血管病的中医发病机制和探讨治疗方面取得了突破性进展，络病理论代表方药通心络胶囊的成功研制及广泛应用，充分证实了络病学说的重大临床价值。随着络病学说研究的深入及在临床各科的广泛运用，络病学说将对提高多种难治性疾病的临床疗效起到巨大推动作用。络病学说可能开创新的有效治疗途径，络病学说以络脉为依托，找到和西医学在难治性疾病研究上的结合点，将络病学说与西医学相结合，对多种具有络病特征的疑难疾病的病机演变及治疗进行研究，将有可能产生新的病机理论，并开创新的有效治疗途径。要注重络病理论研究的物化问题，即在络病理论指导下研制出有效新制剂，并通过对其作用机制的研究进一步阐述络病与西医学难治性疾病的内在关系。络病学说已成为近年学术研究的焦点和热点。总之，络病学说是中医学术体系的独特组成部分，络病研究也是近年中医学术理论发展的重大课题。

综观中医发展史，中医重大学术理论的创新与发展带动着临床各科发展，没有《黄帝内经》这部划时代的理论奠基之作，便谈不上中医学术体系的建立；没有《伤寒杂病论》脏腑辨证、六经辨证的创立，便不能为中医临床证治奠定基础。同样，正是由于脾胃学说、肾命门学说的发展带动了以温补为特色的易水学派的形成。络病学说是伴随着经络学说形成和发展的，《黄帝内经》奠定了络病学说的理论基础，《伤寒杂病论》奠定络病证治基础，清代叶天士"久病入络""久痛入络"的观点使络病学说成为中医重要的病机学说，三者可以说是中医络病学说发展的三个里程碑。

二、案例启示——络病学说的学术地位和展望

（一）从络病学说发展的历史角度，评价络病学说学术地位

络病学说是伴随着经络学说而发展起来的，经络学说一出现便受到历代医家的重视和推崇。"医经者，原人血脉经络骨髓阴阳表里，以起百病之本，死生之分"。脏、腑、经、络、气、血共同形成中医学术体系理论核心，气血在经络中运行，在络脉中实现其生理功能，脏腑为维持人体生命活动的组织器官，脏腑亦是通过络脉发挥其生理功能以及与其他脏腑和外界进行联系。叶天士在《临证指南医案》说到"十二经脉，前贤论之详矣，而络脉则未之及，亦缺典也""遍阅医药，未尝说及络病""医不知络脉治法，所谓愈究愈穷矣"络病学说形成发展史上有三个里程碑：络病理论形成于先秦时期的中医学奠基之作《黄帝内经》。东汉张仲景《伤寒杂病论》奠定了络病临床证治基础；其外感重六经，创建"六经辨证"，六经辨证是中医外感病辨证论治纲领；内伤杂病重络病治疗，创旋覆花汤、大黄䗪虫丸等络病治疗名方，为后世医家所推崇，可见内伤疑难杂病"络病证治"具有和外感"六经辨证"同等重要的学术价值。清代叶天士对仲景络病治疗给予了充分肯定，并提出"久病入络""久痛入络"，标志着络病学说成为中医重要的病机学说。叶天士作为临床大家对络病辨治非常重视，认为"医家不识络病，则愈究愈穷矣"，可见络病学说在中医学术发展史上占有非常重要的学术地位，发展络病学说，建立络病临床学科，建立完善的"络病证治"体系是中医学术自身发展的重大课题，也是历史的必然。

（二）络病学说指导内伤疑难杂病临床治疗

内伤疑难杂病普遍存在的络病这一病理状态。络病学说在指导治疗心脑血管病、糖尿

病及其并发症、肿瘤、重症肌无力、肺肝肾纤维化等重大疾病方面已取得重大进展。相信随着对络病学说深入研究和广泛运用，将对提高多种难治性疾病的临床疗效起到巨大推动作用。

（三）运用络病学说，探索难治性疾病新的病机理论及有效治疗途径

选用以入络药物为主组成的通心络胶囊在心脑血管病的治疗上取得显著疗效，深入研究证实该药在升高一氧化氮、降低内皮素、调节血管内皮功能上具有其他药物无法比拟的独特优势，脉络病变与血管内皮功能障碍的高度相关性受到医学专家高度关注，从络病入手治疗心脑血管等疾病是一个全新的学术研究领域。

（四）络病学说的研究成果是创新创业成功的典范

“络病学说与针灸理论的基础研究”项目是首次由企业研究院主要承担的国家重点基础研究发展计划项目，被专家评价为国内外创新性科研成果。吴以岭院士在20年前就致力于络病理论的研究，他在系统整理前人学术成果的基础上，创立了络病学说研究的理论框架。2001年，“络病理论研究及其应用研究”被列入基础研究课题。目前已完成与络病理论相关的研究课题共6项。2005年，这一研究成果得到鉴定专家委员会的高度评价，认为“该研究按照中医学术自身发展规律对络病学说进行了全面系统研究，初步建立了‘络病证治’体系，首次形成系统络病理论，为络病学科建立奠定了理论基础，属国内外创新性科研成果”。2019年，“中医脉络学说构建及其指导微血管病变防治”荣获了年度国家科学技术进步奖一等奖。

遵循中医药“以临床实践为基础，以理论创新为指导，以治疗方药为依托，以临床疗效为标准”的学科规律，借鉴现代高新技术以理论原创带动临床疗效新药研发，形成“理论—临床—科研—产业—教学”五位一体的创新发展模式。

总之，络病学说是中医学术体系的独特组成部分，络病研究也是近年中医学术理论自身发展的重大课题。保持中医学整体、系统、辨证、恒动的思维特色，借助非线性科学和复杂系统研究方法，充分吸取现代实验技术和科技进展，创新发展络病证治。络病学说是指导内伤疑难杂病临床治疗的理论，通络药物的成功研制和显著疗效显示了其重要的临床指导价值。络病理论体系构建继承了中医学的基本特征，又吸取了现代科学关于生命与疾病认识。

络病学说没有像脏腑理论、脾肾学说那样发展成系统、完整的学术体系并被临床医生熟练掌握和广泛应用，但随着近年运用络病学说治疗心脑血管病取得成功，络病学说重新受到医学界的重视。关于络病理论的研究，如经络之气与神经内分泌免疫功能的相关性，脉络之络与小血管及微循环的相关性，络病与血管内皮功能障碍相关性研究，以及络病理论代表方通心络胶囊在心脑血管病治疗上取得的显著疗效和通心络胶囊在血管内皮功能调整上的独特优势，充分显示出络病学说是有着丰富科学内涵和独特临床价值的学术体系。

深入整理、挖掘、研究、发展络病学说，建立络病学临床学科，系统研究络病发病学、病机学、诊断学、治疗学，建立“络病证治”体系，对促进多学科相互渗透融合，创建内伤疑难杂病和外感重症新的病机学说，提高临床各科多种难治性疾病的疗效都将具有重大的理论意义和临床价值，对促进中医学术理论的自身发展也将具有深远的意义。

（胡波）

案例三　子午流注针法的创新发展

学习目标

1. 熟悉子午流注针法的创新发展历程。
2. 了解子午流注针法的概念。
3. 会使用子午流注针法理论选取治疗穴位。

案例导读

子午流注针法是中医时间医学的代表，是一种按照人体经脉气血流注的时间规律选取穴位防治疾病的针法。这种具有一千多年历史的针法，为何至今闪耀着光芒？从古至今，有哪些医家对这种针法进行了理论创新？

历史上，众多医家对子午流注针法进行了创新的接力。到了近现代，众多学者对此进行了化繁为简，创新了子午流注针法推算方法，发明了许多取穴工具，便于临床使用和推广。展望未来，针灸专家将秉承子午流法针法重视时间之原则，继续探索生命的时间奥秘，为人类的健康和幸福而不懈努力。

思考题：哪些治疗方法属于时间医学范畴？

一、创新发展历程

子午流注针法有纳子法、纳甲法等多个流派。

纳子法又称为纳支法，是结合人体气血运行的昼夜规律（一天一个循环），根据十二地支时间的推移配合十二经脉的气血运行顺序开穴施术，还可按五输穴配合五行相生的母子关系取穴针刺。此法古称“补泻法”，古之“子午流注”并无“纳子法”之说。徐立孙在其著作《子午流注》中始称“纳子法之补泻法”（图1–1）。

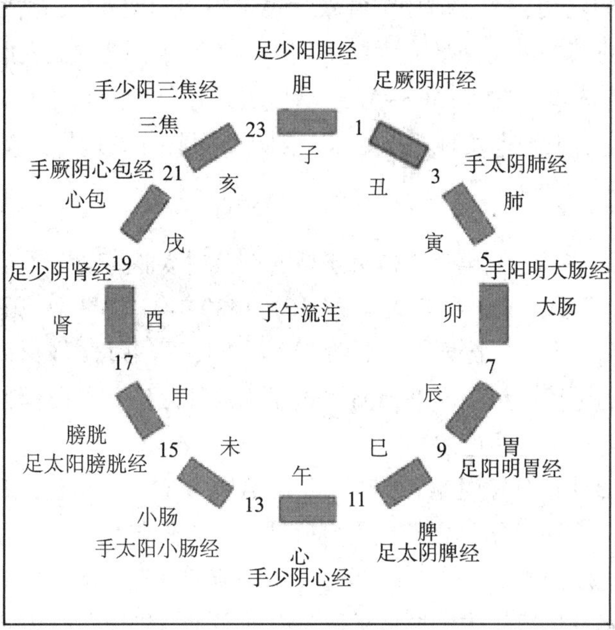

图 1–1　纳子法

纳甲法又称为纳干法，是根据天干的演变规律（十天一个循环）和十二经脉的气血流注开穴进行治疗。古之“子午流注”多指纳甲法。金代阎明广编著的《子午流注针经》（公元1153年）是现存最早的子午流注专著，明代刘纯所著《医经小学》（公元1388年）首提“纳甲”。明代徐凤在阎明广的基础上进行创新，形成了一个新的纳甲法流派。

（一）阎明广的创新

金代阎明广编著《子午流注针经》（贞元癸酉年，即公元1153年），是现存最早的子午流注专著。此书原作“何若愚编著，阎明广注”，现经考证全书实为阎明广编著，只是书中之“流注指微针赋”为阎明广收录的何氏著作。《子午流注针经》分上、中、下三卷，上卷有何若愚的“流注指微针赋”、阎明广的注文和经脉循行图，中卷有子午流注选用的五输穴与五行配合及与时辰的关系等，下卷介绍了贾氏子午流注纳甲法流注选穴的具体情况。《子午流注针经》在元代被窦桂芳收入他的《针灸四书》之中。

阎明广论述子午流注针法时多次提及贾氏“广今复采难素遗文，贾氏井荥六十首”“详夫阴日血引，值阳气流；贾氏云：阳日气先脉外，血后脉内；阴日血先脉外，气后脉内”“胆甲肝乙，小肠丙心丁，胃戊脾己，大肠庚肺辛，膀胱壬肾癸，五脏五腑，收血化精合处，便是三焦包络二经元气也，合为十二经遍行也。贾氏各分头首，十日一终，营运十干，皆以五子建元日时为头也”。由此可见，阎明广子午流注针法源于贾氏井荥六十首。但对贾氏之考证，至今尚无进展。

阎明广博采众家之长，结合个人的临床实践经验，创新性地按人体十二经脉的流注顺序创建了子午流注针法理论体系，其撰有“子午流注逐日按时定穴诀”，并绘制了示意图。

如歌诀“甲日戌时胆窍阴，丙子时中前谷荥，戊寅陷谷阳明俞”，清楚地告诉我们甲日戌时（逢日天干为甲的那一天的当地真太阳时间7~9点，下同理）取穴胆经的足窍阴穴、丙子时（23~1点）取前谷穴、戊寅时（3~5时）取陷谷穴进行治疗。这样，就将人体气血阴阳循行时间与经脉穴位有机而系统地联系起来，创建了可操作的应用方法。

（二）徐凤的创新

自阎明广著《子午流注针经》280余年后，明代针灸医家徐凤（字廷瑞，号泉石，今江西省弋阳县石塘人）编撰成《针灸大全》（公元1439年），详细记载了子午流注针法。

《针灸大全》又名《针灸捷要》《针灸捷法大全》，全书共6卷，内容简明扼要，对针刺手法和子午流注的论述极精当。书中的“论子午流注之法”“子午流注逐日按时定穴诀”对子午流注纳甲法有较全面的论述。

徐凤在“子午流注逐日按时定穴诀”之后，载有“右子午流注之法无以考焉，虽针灸四书所载，尤其不全，还元化本之理，气血所纳之穴，俱隐而不具。予今将流注按时定穴编成歌诀一十首……原图十二，今十分耳”。《子午流注针经》的内容有所缺失，如“三焦经”和“心包经”流注内容缺失，所以徐凤自己创立了三焦经和心包经的开穴法。

徐凤是在资料不全的情况下进行了创新。那时人们获取图书信息极不方便，远没有今天这么便捷。历经280余年，内容难免有所残缺。我们今天看到的阎明广法，是因为后期发现了《针灸聚英》《针灸问对》等记载有《三焦心包络流注说》等文献。这样才看到了阎明广子午流注针法之全貌。

徐凤根据自己的领悟进行创新，弥补子午流注针法之缺失。他创立了“三焦寄于壬，心包寄于癸”之法，完善了“子午流注逐日按时定穴诀”。

由于徐凤之歌诀易于传诵，且被《针灸大成》（明杨继洲编著，公元1601年）《针灸逢源》（清李学川编著，公元1822年）等书收录，故今言子午流注纳甲法，多指徐凤纳甲法。徐凤之法虽然是补缺之作，但却成了主流，而且历经几百年的临床验证，众多医家认为徐凤之法具有良好的效果。

（三）创新的接力

阎明广纳甲法在十日中开穴时辰为70个。徐凤纳甲法在癸日出现了连续十个时辰的闭穴，在十日中开穴时辰只有60个，只占到十日中120个时辰的一半。因此，徐凤采用了“合日互用”的方法，甲己、乙庚、丙辛、丁壬、戊癸等相合的两日互用开穴，使开穴时辰达到96个。时至现代，众多医家发展了子午流注补穴理论。

1.“甲己同宗法” 该法增加子午流注针法的取穴时辰。不以日干相合，凭时辰的天干和地支相合取同宗法来开穴，与纳甲法之“阳日阳时用阳穴，阴日阴时用阴穴”相符合。如甲日甲子时无开穴，甲与己合，子与丑合，甲子时取丙日之己丑时的开穴。这样将十日内的开穴时辰增至96个时辰。

2.单玉堂创立了“142530法” 在纳甲法闭穴的24个时辰里，人体实际上并非气血衰减之时，而应是正盛之时，故当开出穴位。单氏在五腧穴的井、荥、输、经、合五行相生的基础上，得出井、经、荥、合、输、纳的五行反克开穴规律。把五输穴的井、荥、输、经、合按其五行相生的次序来排列，分别用数字1、2、3、4、5；如果用五行反克的开穴规律来表示，则成为井、经、荥、合、输、纳，即是142530的开穴规律。利用这种五行反克开穴法，则可将闭时合理地开出穴位。0为纳，如果即时开出之穴号为0，则可按阳经气纳三焦他生我，阴经血归包络我生他的原则开出穴位。

另外还有郑魁山提出根据时辰的天干决定开穴的经脉和根据时辰的地支决定开穴的穴位的补穴规律。有学者提出了按气血流注的时间来决定应用母子补泻穴位的补穴规律。有学者提出了103524的补穴规律。有学者提出了“移光定位法”。有学者提出了日干值日流注合用取穴法。这些补穴的方法有一定理论依据，但也有较大争议，学术界未达成共识，所以未能推广应用。

3.复杂算法的简化创新

（1）采用真太阳时间　子午流注针法取穴的重要依据是时辰的干支，而时辰的干支是根据具体的时间推算出来的。所以采用什么样的时间标准来推算时辰，这是子午流注针法的关键。在分析了采用北京时间、地方平太阳时间、真太阳时间三种时间标准来推算时辰可能出现的误差，并从子午流注针法产生的时代背景及其实际内涵等方面进行探讨后，提出应采用真太阳时间作为子午流注针法的时间标准。很多医家同意并采用此建议，使子午流注针法取穴更加准确。

当地真太阳时=当地平太阳时+时差=北京时间+当地平太阳时与北京时之差+当地真太阳时与平太阳时之差。

当地平太阳时与北京时之差=4分钟×（地方经度-120）（适用于中国）。

因各个地方经度是个常时，故从公式可知各个地方的平太阳时差是个常数。如重庆市区的经度为东经106.54度，重庆市区平太阳时与北京时间之差=4分钟×（106.54-120）=-54分钟，即重庆市区平太阳时比北京时间慢54分钟。

当地真太阳时与平太阳时之差=9.5分钟×sin2L-7.7分钟×sin（L+78°）；L=280°+0.9856°×（计算日距当年1月1日的天数）。

从公式看出，这个时差只与日期有关系，即对于一年中的每一天，这个时差是个常数。如每年7月23日，时差均为“-6分钟”，即当地真太阳时比当地平太阳时慢6分钟。

虽然真太阳时计算较复杂，但分析得知，各个地方每天的北京时间与真太阳时之差是个常数，可事先算出，列出简表，在应用时查表即可。如重庆市区每年7月23日这一天，真太阳时与北京时间之差=-54+（-6）=-60，即这一天的真太阳时比北京时间慢60分钟。

（2）计算日干支　计算日干支和时干支是子午流注针法推算的关键步骤，苏绪林将葛民勤氏公式引入，用一个公式就能算日干支，实现日干支计算的简化。

引入葛民勤氏公式计算日天干：该法需事先设定下列参数。符号[ ]表示取整数，mod表示取余数，天干数指甲、乙、丙……壬、癸，依次用数字1、2、3……9、0表示；地支数指子、丑、寅……戌、亥，依次用数字1、2、3……11、0表示。

C=年数前两位

Y=年数后两位（计算1月、2月时取Y-1）

M=月数（1月、2月分别取为13、14）

D=日期数

I=0或6（奇数月取0，偶数月取6）

日天干数=（4C+[C/4]+5Y+[Y/4]+[3（M+1）/5]+D-3）mod10　　公式1

日地支数=（8C+[C/4]+5Y+[Y/4]+[3（M+1）/5]+D+7+I）mod12　　公式2

如计算2016年7月23日的日干支，据公式知C=20，Y=16，M=7，D=23，I=0

日天干数=（80+5+80+4+4+23-3）mod10=193mod10=3，即日天干为“丙”。

日地支数=（160+5+80+4+4+23+7+0）mod12=283mod12=7，即日地支为“午”。

故该日干支为“丙午”。

（3）计算时干支　已知日干支和当地真太阳时，计算时辰干支公式如下。

时辰地支数=（[（真太阳时+1）/2]+1）mod12。（其中真太阳时取值为0-24的整数）。

时辰天干数=（（日天干数-1）×2+时辰地支数）mod10。

前面已经算出该日的日天干数为“3”。重庆市区此时的真太阳时为15：56（因前面已经算出这一天的真太阳比北京时间慢60分钟）。

时辰地支数=（[（15+1）/2]+1）mod12=9，即时辰地支为“申”。

时辰天干数=（（3-1）*2+9）mod10=3，即时辰天干为“丙”，故此时干支“丙申”。

通过苏氏的创新性整理，使原来极其复杂的子午流注日时干支推算法从“神秘”走向“直观”，从“复杂”走向“公式化”。苏氏还将各个流派各个日时取穴进行系统整理，以列表形式直观呈现某日某时取某穴，为应用者省去了复杂的取穴推算过程。至此，阻碍子午流注针法传承与应用的两个推算难关被清除，子午流注针法从传统的苦涩而迷惑走向现代的直观而规范，这为后来开发子午流注取穴网站、手机应用、制作新一代取穴模型奠定了基础。

（四）当代的创新

子午流注针法虽然有着悠久的历史、丰富的文化内涵、可信的临床效果，但由于义理深奥，涉及阴阳五行、天干地支、经络腧穴、脏腑理论、辨证论治等内容，加之子午流注流派较多，各种开穴方法有所差异，故学习起来比较困难，这影响了子午流注针法的学术传承和临床推广应用。

为了解决这一矛盾，众多学者致力于对子午流注取穴方法进行研究，形成了子午流注简便推算法、推算卡片或表、推算转盘、推算钟、推算软件等多种成果。这些取穴方法的模式为：[要求]→[　]→[结果]，主要是对推算过程进行封装，为应用者省去了复杂的推算过程，为子午流注针法的推广应用做出了贡献。

下面介绍几个典型的创新案例。这几个创新案例，围绕子午流注推算的两大难点：日干支和时干支的推算、每个日时干支对应取穴推算。采取简单的图表、推算盘、推算钟、取穴网站、取穴软件、取穴文化展示品和工艺品等取穴途径，使子午流注针法越来越方便，越来越快捷。

1.绘制子午流注环周图　在1956年全国政协会上，重庆市名中医吴棹仙敬献《子午流注环周图》。吴棹仙老先生精研医学经典，曾师从针灸大师许氏，得子午、灵龟针法真传，为了便于大家应用子午流注针法，创新性地绘制了《子午流注环周图》，使用者能直观地查询某日某时取何穴治疗，这开创了当代化繁为简地进行推广应用的新纪元。

子午流注环周图较以往的歌诀有两方面创新，一是将原歌诀中零散的各日时干支子午流注取穴进行了系统化归纳；二是以环周图的形式呈现，具有较强的美感，方便查询，这为以后的推算器具开发奠定了基础。

2.研制子午流注取穴盘　1988年杨玉亭研制了子午流注取穴盘，是一种子午流注纳甲法（徐凤法）、飞腾八法、灵龟八法逐日按时开穴盘。它由直径不等的两块同心圆盘组成，底盘可相对外盘转动，底盘上有日干支与所对应三种开穴方法的穴位按六十甲子将底盘均分成六十个相等的扇形，外盘上有表示十二时辰的十二地支及对应的现在时间，按一定方法转动两盘，即可通过取穴孔看到相应的开穴。

该装置对子午流注取穴方法作了改进，较吴老的环周图，采用了多盘联动，并增加了日干支的推算功能，使用起来更加方便。

3.发明子午流注取穴钟　张国馨在1985年发明了“子午流注钟”（专利号CN85201626），该钟由干支时钟和子午流注纳甲法按时开穴盘组成，即将日干支、时干支、时间和按时所开腧穴组合在一起。它能自动准确地反映出每日每时的干支和人体经气按纳甲法运行的普遍规律，它不仅能当时钟使用，还可用于历法查询和时间医学治疗。

该钟实现了即时取穴功能，但不具备人机对话功能，同时也未解决各地时区取穴的问题。

4.开发子午流注取穴软件和网站　1999年，苏绪林基于VFP语言开发了子午流注取穴软件，取名“杏林花果-I号”，实现了人机对话功能，但这只是单机版。从2006年起，苏绪林致力于基于互联网技术开发子午流注取穴网站，“子午流注网上取穴系统”经多次改版升级，目前已较为成熟，取得计算机软件著作权证书。该网站具有四个方面的创新点或特点（图1-2）。

中华人民共和国国家版权局
计算机软件著作权登记证书
软件名称：子午流注网上取穴信息系统 V3.0
著作权人：重庆三峡医药高等专科学校
开发完成日期：2012年03月03日
首次发表日期：未发表
权利取得方式：原始取得
权利范围：部分权利
登记号：2013SR160636
根据《计算机软件保护条例》和《计算机软件著作权登记办法》的规定，经中国版权保护中心审核，对以上事项予以登记。

图1-2　计算机软件著作权登记证书

一是基于Javascript技术开发设计而成，发布到互联网上推广应用，具有交互性强、操作简单、使用方便、成本低廉等特点。这在当时是填补了互联网上无在线子午流注取穴网站的空白。

二是用真太阳时作为子午流注针法取穴时间标准，更加符合子午流注针法的取穴规律。这让子午流注针法回归正统。

三是同时采用“按时取穴”和“择时取穴”两种

取穴模式，真正按医生门诊诊疗（按时取穴）和病房预约诊疗（择时取穴）两种诊疗模式进行开发设计。这样设计符合了使用的需求。

四是实现了徐凤纳甲法、阎明广纳甲法、本经纳子法、他经纳子法、灵龟八法、飞腾八法、一日六十六穴等7个子午流注取穴流派的取穴方法，具有取穴方法多、实现形式丰富等特点。

5.开发子午流法手机取穴APP 随着手机的普及，人们逐渐习惯于移动泛化地学习与应用。虽然取穴网站也能实现用手机查询和阅读，但在手机端网址和显示体验效果不理想。基于此，李均宇等于2013年开发了手机APP“中医子午流注软件”，2018年苏绪林组织开发了新的手机取穴APP，用真太阳时取穴，能实现子午流注纳甲法、纳子法、灵龟八法、飞腾八法等即时查询和预约查询（图1-3）。

图 1-3 子午流注取穴 APP 首页界面

6. 研制子午流注针灸人模型 2000年子午流注针灸人模型被研制出来，由人体模型、控制电缆线和机箱构成，机箱的外壳上设有北京时数码管、地方时数码管，子午时、空、负载开关、时间设置、正常开关、复位、单经控制、电源开关、主穴开关和校时开关，机箱内设置子午流注系统中控电路。选穴时参照定位不易出现偏差，动态演示全部穴位，查穴方便准确，设备运行时可自动切换经脉，演示穴位开阖。

该模型结合针灸人模型，实现了子午流注针法开穴的自动化显示，这较其他子午流注取穴器具更加直观、形象。但该模型存在着开穴法较单一的缺点。

7. 研制子午流注展示模型 为了更好地推广中医时间医学，更直观地呈现子午流注针法的奥秘，弘扬中医药文化。适用于陈列展示的“子午流注取穴转盘”（黄铜和木质结构）被研制出来，获得了实用新型专利和外观设计专利。

该器具能查询2001—2060年每日每个时辰的子午流注纳甲法（徐凤法、阎明广法）、纳子法（本经、他经）、灵龟八法、飞腾八法的取穴情况。目前，该器具由重庆三峡医药高等专科学校收藏。该器具有大、小各一个，大者直径100厘米，放在中医药文化馆，供参观交流使用；小者直径60厘米，放在中医实训中心，供教学使用。该器具较一般的子午流注推算盘，其创新点在于以下几点。

一是增加了阎明广纳甲法取穴，新增了一个取穴流派，丰富了取穴方法，为临床提供了新的取穴途径。

二是增加了真太阳时修正值，为临床提供真太阳取穴的换算值，减少了取穴时辰的误差。

三是增加了60甲子的序号标注，增加了2001—2060年顺序查询，增加了开穴标示，使用者查询时能快速查询对应时辰的取穴情况，单次查询时间较现有的传统手动取穴器具缩短了近60秒，极大地提高了查询效率。

四是将现有推算器具中灵龟八法、飞腾八法取用数字代号标示直接改为穴位，减少了数字对应穴位的中间环节，利于提高查询效率。

五是艺术化地表达，直观地呈现，对中医教学模型的制作及中医文化的展示和宣传推广途径进行了创新。

8. 发明子午流注竹简　子午流注取穴器具多拘泥于钟表盘面式的圆形设计，制作相对较复杂，易于变形等。考虑到现有的圆形器具需要2～4个盘面配合才能完成推算，使用起来也较为复杂，苏绪林打破圆形设计局限，结合中国传统文化中的竹简元素，研制了“书简式子午流注取穴器具”，获得了实用新型专利，其创新点有以下几点。

一是传统取穴器具故障率低，生产成本、维修成本低，使用年限长，改进了现有电子取穴器具依赖电力运行、运行过程中易产生故障、生产成本较高、一般用年限不长等缺点。

二是采用方形和线性设计，一方面易于生产，且可以卷形折叠，不易产生变形，易于携带和贮藏，改进了现有的圆形钟表盘面式设计生产制作较难、处于圆面内圈的文字不易布局、易产生变形、不方便携带和贮藏等缺点；另一方面使用时从左到右查询，符合现代人的阅读习惯，改进了现有推算盘多个盘面交叉重叠、易于混淆、使用不便等缺点。

二、案例启示——探索生命时光的奥秘

（一）待解之谜

近860年来，子午流注针法受到不少医家质疑。古代医家汪机、马莳、张景岳、李学川、李盛卿，以及当代之王鹏、卓廉士等，对子午流注针法的起源、经脉腧穴五行属性、干支配合、时穴对应、开穴方法、开穴结果等提出了质疑，甚至斥之为“杜撰”或“臆说”。如汪机斥之为“臆说”，马莳疑其“非轩歧之本旨”，张景岳等视为“失经旨也远矣”。

（二）未来的探索

1. 正视质疑的科学态度　综合古今医家对子午流注针法之质疑，涉及经脉腧穴的五行属性、干支配合，气血流注方向、时辰对应，纳子法时穴相应，纳甲法阳日与阴日开穴、阳进阴退、返本还原、日干重见气纳三焦或血归包络，多种开穴法呈多样性等关键问题，似乎子午流注针法全无是处，事实果真如此？

由于时间久远，古代与当代所处的自然环境与社会环境、认识水平及思维方式等均有较大的差异，所以用现在的眼光看过去之子午流注针法必然有较多的疑问。面对这些疑问，我们既要认真倾听，勇于面对，不能回避；也要客观分析，不能简单地用猜测或未公认的理论予以否定，更不能直接冠以“臆说”“杜撰”“谬误”。

子午流注针法的起源，说其为“杜撰”的理由若是“金代何若愚之前，《黄帝内经》

以下，全无此种流注之说”，这就值得商榷。因为这期间有近1000年时间，谁能判断这期间就无此流注之说呢？在阎明广《子午流注针经》中就提及有“贾氏”，且“贾氏”之前是否还有他人呢？

经脉气血循行的十日节律、昼夜节律，古人是推测出来的，还是通过观察发现的？我们不能因为其与《灵枢》之荣卫昼夜循行五十周不符，就称其为“臆说”。一方面荣卫昼夜循行五十周的问题目前也有待考证，它是怎么产生的，现在尚无定论。所以我们不能用一种待考证的学说来否定另一种学说。另一方面，有荣卫昼夜循行五十周之说，为何不能有经脉气血循行昼夜一周或十日一周之规律呢？目前已经发现了许多昼夜节律，而且众多实验和临床研究也提供了一定的证明，这些都值得深入探索。

纳甲法、纳子法、养子时刻法等多种开穴结果不一样的问题，不能简单得出“相互矛盾”的结论。因为人体经脉气血流注不是一个单一的通道，而是一个复杂的系统，存在着主干、分支、交叉、代偿等特点。不同流派从不同视角观察和总结人体经脉气血流注，呈现出开穴的多样性，其正确与否、疗效如何，应到实践中去检验。

2. 不懈探索的创新之路 质疑不是目的，质疑是为了求真。这些质疑激励着我们不懈地探索，为我们打开了探索之窗。首先，对子午流注针法本身而言，它从何而来，理论依据是什么，应该怎么去检验，临床如何应用，未来怎么发展？这一系列的问题都有待深入研究。如纳甲法涉及的十日节律，现代时间生物学尚未揭示这类规律，这为我们提供了研究思路。又如子午流注的经脉、穴位与日、时的具体对应关系，这是最复杂也最难的问题，如何打破传统思维束缚，开创研究新局面，需要我们不懈努力。

其次，子午流注针法最大的价值在于为我们提供了一种中医时间医学的应用范式。人总是生活在一定的时间和空间之中，时间永不停息，生命不停地演绎着生、长、壮、老、已。在生命旋律之中，时间规律奥秘无穷。中医子午流注、五运六气等，都是古人试图从不同角度揭示这些规律，值得我们珍惜和发展。结合当今自然和社会背景，结合当代的科学技术，结合人体自身，探索个性化的人体生命节律，这是一条充满期待的创新之路。

（苏绪林）

案例四　无创痛针灸的创新发展

学习目标

1. 熟悉无创痛针灸的创新发展历程。
2. 了解无创痛针灸器具的操作方法。
3. 会用无创痛针灸器具开展疾病防治。

项目 1–3

案例导读

近年来，我国陆续出台了支持中医发展、扩大中医服务的新政策。针灸是中医药的重要组成部分，作为绿色疗法，越来越受到人们的欢迎。但是，在临床实践中我们也发现传统针刺、艾灸存在不足之处。一是患者接受度较低。一项研究显示：在对213名患者进行针灸疗法接受度调查中，8%曾接受过本疗法，在未接受过该疗法的患者中，42%不会选择。导致患者拒绝针灸疗法的最主要因素是其侵袭性的治疗方式。二是中医针灸博大精深，施术者不仅要熟知中医基础知识，还要掌握针灸理论及操作技术，这一系统学习过程需要几年甚至更长时间。三是传统艾灸需手持操作，浪费人力；艾叶燃烧时烟熏火燎，气味刺激，易出现灰烬烫伤等意外。

如何使更多人接受针灸疗法，实现人人享有针灸服务，这成为笔者团队思考的问题。对比传统针灸，笔者团队希望研发无创痛针灸器具，一能简化针灸理论，使得操作者经过简单学习即可掌握，便于家庭保健、基层应用推广；二能无侵袭性、无创痛，集治疗、预防、保健于一体，更为人们所接受。

思考题：你所了解到的无创痛中医疗法有哪些？

一、创新发展历程

（一）天灸罐

1. 器具结构　天灸罐发明专利申请号：201410325041.8。实用新型专利号：201420378165.8。粤深械备：20150208。天灸罐罐体由医用硅胶制成，直径5cm，高2cm，包括侧壁、底壁及凸起部三部分。底壁外表面为平面结构；沿底壁内表面有一体成型的凸起部，与穴位或痛点接触产生治疗作用；凸起部的高度低于罐口，便于罐体内空气排出，使罐吸拔于皮肤而不掉落；凸起部由天灸常用药提取物如白芥子甙、姜辣素、大蒜素、香兰基丁醚等与医用硅胶混合制成。

2. 操作方法

（1）不同部位吸拔天灸罐治疗疾病　颈部（$C_1 \sim C_7$）：沿督脉从后发际向下吸拔2个天灸罐，治疗头、颈、上肢、咽喉部疾病，可加拔不适部位。胸部（$T_1 \sim T_{12}$）：从第1胸椎开始，沿督脉、双侧夹脊穴、双侧膀胱经从上向下吸拔3个天灸罐，治疗感冒、咳喘、胸闷、心痛等呼吸系统、心血管系统疾病，可加拔不适部位；从第7胸椎开始，沿督脉、双侧夹脊穴、双侧膀胱经从上向下吸拔3～4个罐，治疗肝、胆、脾、胃等消化系统疾病，可加拔不适部位。腰骶部（$L_1 \sim L_5$）：从第1腰椎开始，沿督脉、双侧夹脊穴、双侧膀胱经从上向下吸拔3～4个天灸罐。治疗泌尿系统、生殖系统疾病、下肢疾病，可加拔不适部位。

（2）养生保健　沿督脉及华佗夹脊穴，从上向下吸拔10个左右的天灸罐，并根据需要加拔足三里、三阴交等腧穴，可鼓舞人体阳气，达到防病保健的目的。

3. 特点及创新

（1）安全性高　传统天灸疗法又名发泡灸，顾名思义，以皮肤起泡甚至破溃而疗效越好，如《小品方》“灸得脓坏，风寒乃出，不坏，则病不除也”。但是，现代人出于美观、安全等因素的考虑，很难接受。天灸罐吸拔十几分钟后局部有灼热的感觉，运动及身体出汗时感觉更明显，一般不会损害皮肤，克服了传统天灸破皮、留有瘢痕的缺点。

（2）价格低廉　经临床验证，天灸罐可反复使用1千小时左右，打破了天灸药物一次性使用的局限，降低了成本。

（3）操作方便　天灸罐在治疗保健中，主要选择人体背部脊柱区拔罐。这是因为人体的经络和腧穴众多，没有系统学习过中医、针灸学知识的大众较难掌握，而分布在背部脊柱区的华佗夹脊穴、督脉及膀胱经上的腧穴主治范围较广，且易于定位，便于操作。笔者团队总结临床经验，归纳出天灸罐的上述主要吸拔区域。

（二）温灸督脉养生保健服

1. 器具结构　灸督脉养生保健服发明专利号：201410249340.8。实用新型专利号：201320085120.7。德国专利号：212014000055。保健服为高领套头紧身内衣样式，采用双层布料，在衣服的正面设置有口袋放置充电电池。发热材料采用自发热和碳纤维电加热两种制成。自发热材料为常用天灸药物提取物、托玛琳粉、软磁粉及热感应材料复合而成；电加热为碳纤维通电后产生的4~14μm远红外辐射线，执行标准为GB/T3805-2008特低电压限值，采用了7.4V、1.5A、11.1W的碳纤维电阻丝加热，容量为5200毫安的可充电锂电池供电。两种发热材料合二为一，贴附于内衣对应背腰部督脉、夹脊穴、膀胱经的部位，按情况选择不同档次电加热或自发热对其经络、穴位进行温灸。

2. 操作方法　保健服可单独使用自发热材料（关掉加热开关）温灸，也可单独使用碳纤维电加热（取下自发热布层）温灸，还可同时使用两种材料加热温灸。碳纤维电加热为高、中、低三档调温，最高温度55℃。首先调至高温档，激活自发热材料，当温度合适时，调至中、低档。在能耐受的情况下，45～55℃时养生保健效果更好。健康人，每天可使用4～8小时；慢性疾病患者，每天可使用12小时以上；特别虚弱者可24小时连续使用。

3. 特点及创新

（1）受众广　温灸督脉养生保健服将高科技发热材料和中医督脉养阳理论结合，具有温阳、益气、行气的作用。根据《中医体质分类及判定》，人体分为平和质、气虚质、阳虚质、痰湿质、特禀质、血瘀质、气郁质、湿热质、阴虚质9种体质。在临床观察中，笔者团队发现，前7种体质均可使用本产品。

（2）体现“治未病”理念　中医“治未病”，以增强体质为核心适应自然变化，以增强机体抗病能力为基础来防患于未然。温灸督脉养生保健服使人们在日常生活中得到自然养生保健，无创无痛。对于全民健康素质的提高，可发挥重要作用。

（三）督脉智能诊断治疗仪

1. 设计思路 1950年，与经络循行相似的14条线在人体被发现。并发现线上存在着与经穴位置相近的良导点，这些可用来诊治疾病。当脏腑发生病变时，在其对应节段督脉、华佗夹脊穴及膀胱经可出现阳性反应点，如压痛、皮色改变等，用电阻测定发现此处为低电阻点（或高电流点）。

据此思路，设计了督脉智能诊断治疗仪，该治疗仪在脊柱区域从颈椎到腰骶椎设置导电硅胶，在硅胶顶部及底部分别设置正负极电极插头，在导电硅胶片接触皮肤一面安放测定电流的感应器，将采集的电流数据传至控制器，并在人形内脏模拟图上显示出来，同时还可把数据通过蓝牙上传到健康管理中心。

2. 临床应用

（1）病位的初步诊断 对人形内脏模拟图显示出的数据进行分析，可直观发现疾病的大致部位，做出初步的病位诊断。

（2）内脏及脊柱疾病的治疗 ①天灸疗法：在电极片中加入天灸药物的提取物，将电极片固定在背部，可对督脉、膀胱经及华佗夹脊穴进行灸疗，对全身内脏及脊柱疾病起到治疗及保健作用。②脉冲电疗法：当背部电极片通电时，其病变的低电阻点就是高电流点，督脉智能诊断治疗仪可对病变反应点产生脉冲电疗作用。

（3）数据上传 将督脉智能诊断治疗仪采集到的高电流点信息上传到健康管理中心，再由专业人员做进一步分析。根据患者的不同情况，制订个性化的健康调养及养生指导方案。

3. 特点及创新 督脉智能诊断治疗仪集病位诊断（全身内脏及脊柱疾病的病位初步诊断）、治疗（灸疗、脉冲电疗）、数据分析为一体。若能与大数据平台、智慧社区、智慧医院融为一体，将产生重要影响，推动“互联网+”中医医疗的发展。

二、案例启示

目前，许多国家已将针灸纳入医保体系，针灸还进入了大学教育；政府机构、社会组织、行业、企业为理论基础及临床研究提供了研究平台及支持。这些都说明“针灸”这门传统学科已经跳出纯学术范围，呈现出产业化的发展趋势，并且这个产业浸入到教育、医疗、保健、科研、经济等多领域。针灸产业化，促使针灸从公益性向经营性转变，使其能向社会提供卫生产品和服务。这是适应市场经济、开发针灸的经济功能、拓展针灸服务市场的需要。

（一）政策是产业化发展的导向

看病一直是国民关心的焦点问题，为降低医疗保健费用的巨大投资，国家逐渐从以治疗疾病为主导，向以维护和促进健康为主导转变，卫生工作的基本方针是坚持“预防为主”。2016年，在《关于推进家庭医生签约服务的指导意见》（国医改办发

〔2016〕1号）中提出，围绕健康中国建设、实现人人享有基本医疗卫生服务的目标，将推进家庭医生签约式服务机制。针对居民健康状况和需求，制订不同类型的个性化签约服务内容，包括中医药"治未病"服务等。

无创痛系列针灸器具是实现上述目标的方法之一。它简化了针灸理论，普通人通过短时间的学习即可掌握并熟练操作，可为每个家庭培养一位"家庭针灸医生""家庭保健医生"，将给民众带来更多的健康利益，也将节省更多的医疗费用。

（二）产学研结合是产业化发展的最佳模式

针灸器具的研发需在利益共享原则下，促进企业与高校合作，实现产学研融合。既能使企业及时把握最新科研信息，又能使高校及时掌握市场动态，获得更多科技投入，促使产品尽快走向市场，为人民提供针灸服务。

我国专利成果转化率不高的主要原因是专利申请只停留在纸上，未实现产学研融合，未制成成品，未经过市场检验。为此，笔者团队在无创痛系列针灸器具专利申请的同时，即与代加工企业合作，设计并制作出样品；在临床试用中，针对器具的规格、药物配方及浓度、使用舒适度等方面展开反复修改，在2年的时间内不断进行临床试验，最后定型；通过生产企业申请医疗器械批准文号，获得市场准入资格。天灸罐在研制完善过程中，还通过各种宣传手段及部分市场化运作，让许多公司看到了健康产业的商机。

（三）"互联网+"是产业化发展的推手

随着"互联网+""健康中国"等顶层战略先后出台，医疗改革不断深入，医疗健康的社会需求日益凸显。在信息及网络化高度发展的当代，传统针灸器具及其营销方式不易形成产业化。在深入分析"互联网+"中医医疗后，笔者团队研制出督脉智能诊断治疗仪，以期将传统医疗的生命信息采集、监测、诊断治疗和咨询通过可穿戴智能医疗设备、大数据分析与移动互联网相连，使得所有与疾病相关的信息不再被局限在医院和纸上，而是可自由流动、上传、分享，使患者就诊不再必须与医生面对面。同时，通过分析上传到健康管理中心的数据，指导患者进一步检查，或者指导患者利用无创痛针灸器具进行自我调理。

针灸作为一门古老的医学，之所以能历经沧桑屹立于世界医学之林而不为其他所代替，是因为其发展始终与科技发展紧密结合，始终与当时的社会经济发展相适应，这点可以从针具的改进看出来。远古时代人类使用楔形石块治病形成了砭刺疗法，青铜针、金针、银针、不锈钢针等金属针具，微波针、电磁针、经皮穴位神经电刺激仪等各种针灸仪器，都促进了针灸技术的发展。在新时代，无创痛针灸器具的研发将是针灸器具未来发展的趋势。

（冉茜　姜兴鹏）

案例五　中药剂型的创新发展

学习目标

项目 1–4

1. 了解中药的各类剂型。
2. 会从中药剂型的发展思考问题，启发创新点。

案例导读

我国高度重视中医药事业，把发展中医药事业纳入了国家战略。目前传统中医药虽然越来越受到广大患者的信赖和认可，特别是在治疗各种疑难杂病方面，更有其独到之处，但是内服中药饮片配方存在称量繁琐、误差大，特别是煎煮、服用不方便等缺点。外用中药剂型仍以传统的散剂、丹药、膏药、软膏等为主。部分传统的剂型仍需现用现配，虽然具有用药灵活、疗效可靠的特点，但是也存在着生物利用度低，药物剂量不易控制，易污染衣物，黏性小易脱落，易干燥变硬等缺点，不能满足临床需求。

传统剂型的缺点和剂型研发的滞后制约了中医药的临床应用，不能满足临床治疗需求，剂型的创新十分重要。中药剂型的传承发展和创新，势在必行。

思考题：目前的中药有哪些剂型？我们可以从哪些方面进行创新？

一、发展历程

中药的“剂型”，就是中医方剂的制剂形式。根据施用部位不同、治疗经验以及临床证治的需要，中医方剂的制剂形式目前主要有汤、丸、膏、丹、散、酒、茶、露、片、锭、胶、曲，以及条剂、线剂等多种内服、外服剂型。治内者，自内达外，汤醴丸散丹之类，见于服饮者是也；治外者，由外以通内，膏熨蒸浴粉之类，借于气达者也。不同的剂型在治疗有着不同的作用，常见的剂型分述如下。

汤剂：将中药方剂加水煎煮后，饮用的剂型，这是临床最常用的剂型。所谓“汤者荡也”，汤剂具有吸收快、作用迅速、加减灵活、针对性强等特点，故适于急病、新病以及病情较急而亟须荡涤病邪或扶持正气的病证。

酒剂：将中药方剂浸入度数较高的酒中，一般为白酒。经过一定的时间，待药性浸出于酒中然后饮用的一种剂型。酒剂古称“酒醴”，俗称“药酒”。多具有活血舒筋之功效，因此多适用于风湿痹痛等病证。

茶剂：将药方配料轧成粗末，制成块状或粉末状剂型，一般开水冲泡服用。茶剂有时也可以加进茶叶同制，饮用极为方便。

露剂：一般将芳香类药物比如金银花等加水蒸馏，取蒸馏所得的药液饮用，即为“露剂”。药力相对轻微，且多由芳香类药物组成，故一般适用于儿科、轻症或作为饮料服用。

丸剂：将配料药物研成细末，然后以水或蜜、面糊、米糊、药汁、蜂蜡等拌制成大小不等的丸状制剂。“丸者缓也”，临床一般多适用于慢性或虚弱性病证的调理。另外，某些有毒或芳香走窜的药物也可以制成的丸药，也可治疗急症，如备急丸、苏合香丸等。

散剂：分有内服、外用两种。内服者指将处方中的药物研成粗末，用水调服，或者煎汤服用。散剂兼具汤剂的吸收快、作用迅速，以及丸剂的用量小、容易携带等特点，尤其适用于脾胃病的调理和某些急症的治疗。除了内服之外，外科也常用散剂调敷，治疗体表局部病变。

膏剂：膏剂分内服和外用两种。内服的是先把配料加水煎熬，滤去渣滓，再加进水冰糖、蜂蜜等熬成稠厚的膏滋。内服膏剂多适用于需要长期进补的慢性虚证。外用的则用棉子油或花生油等先将药物煎熬去滓，接着再放进黄丹、白蜡等辅料收膏，然后根据需要装瓶或趁热平摊在纸或布上，制成膏药。外用膏剂多适用于外科疮疡或风寒痹痛等病。

丹剂：将药物研成细末，精制成丸状、锭状的制剂。丹剂也有内服和外用之分，外用一般以含有汞、硫等矿物药的细末为主。

片剂：传统“片剂”就是把生药切制成片，如生姜片便于煎服、人参片便于噙服等。

锭剂：把药物研成极细粉末，然后加进适当的黏合剂制成纺锤、圆锤或长方等不同形状的固体或半固体制剂。锭剂除了可以挫末调服或磨汁饮用，还可磨汁涂敷外部患处，因此也适用于内外科等多种疾病。

随着中药制剂的发展，用药途径的增加，创新性中药剂型也在逐渐增加。除了以前的剂型在不断改良，还出现了很多现代剂型如片剂、胶囊剂、颗粒剂、气雾剂、注射剂、膜剂等。

（一）中药汤剂的创新

1. 配方颗粒　以传统中药饮片为原料，经过提取、分离、浓缩、干燥、制粒等生产工艺，保证了原中药饮片的特征，其有效成分、性味、归经、主治、功效和传统中药饮片一致，能够满足、臣、佐、使原则和辨证论治、灵活加减的特点，药性强、药效高、又免去了患者传统煎煮的麻烦，干净卫生、成分完全、携带方便、保质期长、可直接开水冲服、操作方便简单、作用迅速、疗效确切；另外还易于调制、适合工业化生产。目前应用比较广泛的中药配方颗粒有两种形式：一种是单味中药配方颗粒装一小袋，根据不同药物常规剂量设置统一的计量小袋，服用时根据处方具体要求，将不同小袋组合起来；另一种是先将单味中药配方颗粒按处方搭配好，然后一起混合包装成袋。

配方颗粒的不足之处：方剂本是单味或者几味药材一起煎熬，那么在煎熬的过程中不同成分在一起会发生一些化学变化，可以使疗效增强或者毒性减弱，在煎煮过程中，传统方剂中有些药物需要先煎、有些需要后下，不同有效成分才能达到最佳组合。比如四逆汤（附子、干姜、炙甘草）中的各饮片一起煎汤，不仅疗效显著强于将它们混合的颗粒配方，而且大大降低附子所含的乌头碱的毒性。因为几种药材一起煎汤，煎熬过程中各药材所含的有效成分发生了一系列的化合、络合、共溶等化学变化，达到了传统中医理论所要求的疗效。配方颗粒相互混合后目前疗效尚不明确，有些配方颗粒之间相互混合则没有或者很少有这些反应，可能使疗效有所折扣；另外，部分药物如矿物类和胶类药物他们的有效成分的提取还比较困难，还存在技术壁垒，需要进一步研究。

2. 超微饮片　指采用超微粉碎技术将中药饮片粉碎成1～30μm超微粉，可打破植物药材细胞壁，使细胞内的有效成分充分释放出来，从而提高药材的生物利用度，有利于人体对药物的吸收利用。超微粉碎技术是粉体工程中的一项重要内容，包括对粉体原料的超微粉碎，高精度的分级和表面活性改变等内容。超微粉碎技术是通过对物料的冲击、碰撞、剪切、研磨、分散等手段，把原材料加工成微米甚至纳米级的微粉。超微粉能够对粉体原料进行高精度的分级，并改变粉体的表面活性，正是这一特性使其在中成药的加工方面具有了独特优势，提高药材植物细胞破壁率，有利于其有效成分的溶出，增加药物的比表面积，使其吸收速率和吸收量增加。用现代制粒技术制成的颗粒型饮片，既保持了传统饮片随症加减的特色，又克服了其煎煮麻烦、服用不便的缺点。主要特点包括以下内容。

（1）破壁增效　通过细胞破壁的先进工艺，使中药材的药效成分能透过破碎的细胞核和细胞壁，充分的释放出来，从而大幅度提高药效。

（2）高效免煎　中药超微饮片的药效成分可以在几分钟内快速溶出，起效快、疗效好，用药剂量少于传统中药饮片，但疗效优于传统中药饮片；避免了传统饮片煎煮的麻烦，方便使用。

（3）质量可控　中药超微饮片制作生产过程可检测监控，确保产品的质量。

（4）原汁原味　中药超微饮片是采用气流破壁与振动破壁等先进的超微细胞破壁技术及现代制剂技术精制而成，生产工艺中原料基本未发生化学变化，只是物理性状有改变，因而保留了传统中药饮片原有的特色。

（6）方便卫生　中药超微饮片服用、携带、保存都十分方便；生产工艺先进，质量可控，灭菌处理的方式克服了传统中药饮片易霉变生虫、难以保管的缺点。

（7）节省药材　中药超微饮片通过超微破壁后能最大限度地溶出有效成分，溶出度相比传统中药饮片有大幅度增加，更有利于人体吸收，从而节省了大量药材。

（8）便于配伍：中药超微饮片保持了传统饮片能适应中医辨证施治、随症加减的配方特色，方便医生处方配伍。主要供中医临床配方使用。

（二）中药片剂的创新

片剂是药材细粉或提取物与适宜的辅料或药材细粉压制而成的片状制剂，分浸膏片、半浸膏片和全粉片等，是常用的现代剂型之一。片剂体积小，用量准确，易崩解生效快，且具有生产效率高、成本低、服用及储运方便的优点。片剂适用于各种疾病。按原料特性分为四种类型：提纯片、全粉末片、全浸膏片、半浸膏片等。目前。片剂的使用率非常高，尤其是复方制剂，比如我们常见的维C银翘片、复方甘草片、复方罗布麻片等。

（三）中药注射剂的创新

中药注射剂是以中医药理论为指导，采用现代科学技术和方法，从中药、天然药物的单方或复方中提取的有效物质制成的，可注入体内。包括肌肉、穴位、静脉注射和静脉滴注使用的灭菌制剂，以及供临用前配制成溶液的无菌粉末或浓溶液。中药注射剂的产生在中医急诊和中医临床疾病的治疗方面发挥了极大作用。

第一支中药注射剂柴胡注射剂开中药注射剂之先河。柴胡注射液始创于1941年。研制成的柴胡注射液效果良好，无副作用。这一重大成果，在当时整个医药界引起了很大反响。柴胡注射液的问世，不仅为临床提供了一种卓有良效的药品，而且标志着中药注射剂时代的到来，使传统中医药在危急重症领域发挥积极作用的设想成为可能，这对于中药药剂学的完善与发展具有重要的理论价值和实践意义。

目前，中药注射液的使用已相当普遍。临床治疗发现，它们在很多疾病的治疗中，发挥了较好作用，如丹参注射液、生脉注射液、参麦注射液是治疗心脑血管疾病常用药；康莱特注射液和参芪扶正注射液在治疗肿瘤方面发挥了较好作用。现在批量生产用于临床的中药注射剂约近40种。中药注射液的工艺水平、质量标准还尚待改进、提高，仅少数品种工艺较为成熟。中药注射剂发展到现代主要还存在以下几个问题：一是多数传统中药的成分复杂，有效成分尚不清楚，加之中医用药多属复方，因此给中药注射剂的制备和质量控制带来一定程度的困难；二是提取方法不够完善，杂质未能完全除尽，放置一段时间后易产生色泽发深、混浊、沉淀、使澄明度不合格，使疗效降低，影响临床应用；三是中药注射剂的质量标准还有待提高；四是中药注射剂的不良反应问题值得关注。有关文献报道，中药注射剂在临床上的不良反应明显多于其他剂型。2000年以后，鱼腥草注射液、刺五加注射液、茵栀黄注射液、双黄连注射液等先后被报道存在临床不良反应，中药注射剂陷入了一场旷日持久的存废之争中。抵制的声音认为，中药注射剂的成分复杂，尤其是复合剂型，不良反应的安全风险突出。支持的人士则表示，可以通过完善产品质量标准和开展安全性评价，在管控风险的基础上，促进中药注射剂的传承和发展。

（四）中药膏剂的创新

将中药材中有效的物质提取出来，或将中药材经过特殊适宜的方法加工制成为像油脂一样细腻、滋润的稠厚的半流体状物或近似固体的一类制剂，称为“膏剂”。膏剂是历史较久而重要的药物剂型之一。中药膏剂按照其给药途径，可分为内服膏剂和外用膏剂两大类。

1. 内服膏剂 又称为“膏方”“膏滋”“煎膏”，是指中药饮片用水煎煮，取煎煮液浓缩，加炼蜜或糖（或转化糖）制成的半流体制剂。膏方具有较高的营养价值，有助于预防和治疗相关疾病，实乃滋补上品。膏方在我国的应用历史最早可以追溯到西汉时期，明代以前是膏方发展的初始阶段，明清时期是膏方发展的成熟阶段。随着人们养生保健理念的增强，个性化养生的膏方，更是掀起了一股热潮。比如我们常见的阿胶膏、固元膏等。内服膏剂因其质体滋润细腻，效用多以滋补为主，兼有缓慢的治疗作用，故又称为中药膏滋剂、膏滋，俗称膏方。近年来，这个古老的剂型，从药物和辅料的组成、制作工艺、质量控制等方面都有了新的发展，膏方在强身健体、延缓衰老、调理或改善亚健康状态、治疗慢性病方面发挥出越来越大的优势。因其服用方便、疗效显著而深受群众的欢迎。

2.外用膏剂　外用膏剂系指药物与适宜的基质制成专供外用的半固体或近似固体的一类制剂。具有保护、润滑、局部治疗作用，也可透过皮肤和黏膜起全身治疗作用。外用膏有软膏、硬膏两种。药物透过皮肤进入体循环，能避免肝脏的首过效应，避免药物在胃肠道中被破坏，减少血药浓度的峰、谷变化，降低药物的副作用。目前常见的中药外用膏剂主要以软膏为主。近年来，借助高科技、新材料、新工艺制出不少新的中药软膏品种，具有相当的市场竞争力。很多软膏也是复方制剂，例如京万红烫伤膏。中药软膏剂在制剂、质量控制及包装方面仍有缺陷，尚需进一步提高。

（五）中药面膜的创新

中药化妆品在我国有几千年的历史，在《神农本草经》《本草纲目》等医书中均有关于中药化妆品的记载。中药面膜实际上是中医外治法中的一种。中药面膜作为中药化妆品的一种常用剂型，以其独有的护肤机制，使中药的药效得到良好的发挥，成为中药化妆品特别是功能中药化妆品研究中较活跃的领域。

现代中药面膜就是以中医的理论作为指导，把中药的粉末或者提取物，融入恰当成膜物质，混合制成的敷面涂料。我国面膜市场不缺中药面膜，中药面膜在复苏和成长，而且其占比不断提高。面膜对皮肤的护理作用主要通过3种方式：一是封包作用，面膜覆盖于面部时，使面部皮肤与外界空气隔绝，阻止汗液蒸发，保持面部皮肤充分的营养和水分，增强皮肤的弹性和活力，使面膜中的中草药等营养物质可以有效地渗进皮肤，达到活血化瘀、疏通经络、宣导气血的作用，促进上皮组织细胞的新陈代谢。二是吸水作用，增加皮肤角质层内外浓度差，使角质层吸收能力增强。三是黏附作用，面膜在揭去时，皮肤污物随面膜一起粘除，使皮肤毛囊通畅，皮脂顺利排出，减少甚至避免丘疹、脓疱、囊肿的形成，使面部皮肤整洁、滋润。

现代研究主要在面膜组方、面膜辅料以及成膜材料等方面进行探索，将传统与现代工艺相结合，中药面膜作为深层皮肤护理产品，在美白、滋润、祛斑、消炎、抗皱等方面已体现出显著优势，市场竞争的潜力巨大。中药面膜在未来的发展中，不仅要继承传统中医药的基本理论，还要充分借鉴现代科学技术，充分吸收各学科的最新研究成果，在技术、工艺、剂型等领域大胆创新，建立统一的生产规范和质量标准，不断充实和完善中药美容理论，使中药面膜被更多消费者认可和接受，推进中药化妆品现代化的进程。

（六）中药气雾剂、吸入剂

气雾剂为药物剂型之一，系指药物和抛射剂共同封装于带有阀门的耐压容器中，使用时借抛射剂气化所产生的压力，定量或非定量地将药物以雾状喷出的制剂。喷出药物经呼吸道或皮肤、黏膜吸收产生效用。吸入剂，一种药物剂型。可通过吸入方式治疗哮喘等疾病。

气雾剂按医疗用途分类：呼吸道吸入气雾剂（既能迅速发挥局部治疗作用，又能迅速发挥全身治疗作用）；皮肤和黏膜用气雾剂（主要是保护皮肤、创面，亦可消毒、局麻、止血等）。气雾剂的优点：具有速效和定位作用、制剂的稳定性高、给药剂量准确，副作用较小、无局部用药的刺激性。气雾剂缺点：气雾剂成本高、封装要求高、易发生爆炸、致冷作用。常见的中药气雾剂：云南白药气雾剂，活血散瘀、消肿止痛，用于跌打损伤、瘀血肿痛、肌肉酸痛及风湿疼痛。止喘灵气雾剂，具有舒张支气管的功效，用于治疗支气管哮喘、哮喘型支气管炎等疾病。咽喉宁喷雾剂，由余甘子汁、金银花、桔梗、野菊花、薄荷脑组成，具有疏风清热、解毒利咽的功效，用于改善咽痛、咽干等症状。

二、案例启示

中药制剂的剂型应用历史悠久、种类繁多，科学技术的进步、医药事业的发展，剂型随之改进和创新是必然趋势。中药剂型的发展为加快中药现代化的进程，推动中医药事业的进步创造了有利的条件。中药制剂现代化是实现中药现代化的前提与基础，我们应认真思考实现中药制备现代化的途径与方法。可以从以下几方面思考和入手：一是，大力开展以中药制剂学理论与方法学的基础研究工作，进一步深入研究药物剂型与疗效的关系，为新剂型与新制剂的创新提供理论依据。二是，开展中药制药新工艺、新技术、新设备的研究，从而为中药新剂型的开发奠定基础。三是，注重中药新剂型的创制，既要注意传统剂型的改造，同时应当借助现代化科学技术，根据中医临床用药的需要，开发研究缓释制剂、控释制剂及靶向药物制剂。四是重视中药新辅料的开发与推广应用，促进中药制剂质量的提高。

总的来说我国中成药从传统的丸、散、膏、丹发展到现在的片剂、胶囊、口服液、注射剂、滴丸、颗粒剂等制剂，在剂型改进方面取得了显著的进步。中药剂型的改革和发展是中药发展的趋势。科学技术、生产技术的不断发展，推动了中药剂型的改革和发展，研究出了靶向制剂、纳米制剂。中药剂型的内容逐渐丰富，更能适合临床诊治的需求和患者的需要。中药新剂型的研发，继承和发扬了祖国传统医药的经验，结合了现代科技，提高了临床疗效。

（谢寒　明荷）

案例六 中医药文创产品的创新发展

学习目标

1. 熟悉目前有代表性的典型中医药文创案例，及其开发的思路。
2. 了解中医药文创的创新发展要点。
3. 会使用中医药文化特色资源进行文创产品开发及转化。

项目 1–5

案例导读

中医药文化创意产业简称中医药文创产业，是一种文化含量高、附加值高的中医药健康产业新业态。中医药文化创意产业通过整合中医药文化成果和产品，促进中医药与设计、研发相融合，使中医药与文化创意产业形成相互关联的产业链从而助推中医药及中医药文化产业的传播和发展。

中医药文创产品虽然古已有之，但多作为传统中医药的衍生品而存在，作为一项文化创意产业是近年才兴起的。《“十四五”中医药发展规划》中指出大力发展中医药文化产业，积极推动中医药与文化产业融合发展。此举给中医药文创产业带来了前所未有的机遇。作为中医药专业的大学生，我们该如何把握机会，利用所学将传统中医药所具有的视觉形象、文化寓意和精神内涵进行创意产品化设计，将概念性的内容转化为具有经济价值、能够满足人们物质或精神文化需要的消费型产品。这是值得我们研究和思考的问题，也是中医药专业大学生创新创业实践的一项重要课题。

思考题：你认为中医文创产品的功能主要体现在哪几个方面？

一、创新发展历程

早在20世纪90年代，创意产业的概念被提出。人们发现快速发展的经济实力并不是决定国家地位的唯一标准，文化软实力同样影响着国家发展。真正值得尊重与传承的内容正是一个民族的文化内涵。在这种大背景下文化创意产业应运而生，文化创意理念层出不穷，文创产品的受众日益壮大。

我国的中医药文化博大精深，需要传承和创新，以往主要靠讲座、学术交流等较为简单的传播形式来完成中医药文化的传承和交流，无法很好适应当下人们的生活需求。随着人们生活方式的变化，中医药的传承和传播方式也需要更加现代化，这样才能满足大众的生活和审美需求。

（一）古代中医药文创产品的创新

中医药文化是几千年来人们关于健康、生命、疾病、自然、平衡的深刻思索，对它的传承就是对中国优秀传统文化的延续。长久以来，众多专家学者对中医药的研究主要是从它的发展历史、医学典籍、诊疗手法、病理药理等方面展开，很少有人从中医药的视觉形象、文化寓意和精神内涵入手。把这些元素整合与当代文化创意产品结合的研究更是少之又少。中国古代对于中医药文创产品的创新比较少，其来源基本上限于中医药的外在视觉形象。主要有中医典籍中的图谱、中医药招幌、中医药包装、仿单及代券中的视觉图形等。

1. 中医药典籍中的图谱类 中医典籍里图谱，如五代烟萝子的《内境图》是现存最早的人体解剖图谱，包括了“烟萝子首部图”“烟萝子朝真图”“内境左侧之图”“内境右侧之图”“内境正面图”“内境背面之图”六幅，对后世的解剖学做出了重要贡献。公元1565年，明代的陈嘉谟所著《本草蒙筌》绘制了历代名医图14幅、中草药图解30余幅、其他附图 559 幅，承前人之所长，抒个人之所见，对后世中医初学者有一定指导意义。公元1510年明代张世贤的《图注八十一难经》，将晦涩难解的医书《难经》用图形注解的方式展现出来，与当时张氏注释的《图注叔和脉诀》共称为《图注难经脉诀》。明代李时珍所著的《本草纲目》是我国医药史上的巨作，全书共52卷，共附图1109种，其绘制的中草药形象生动，划分明确。

2. 中医药招幌类 除了图片之外，中医招幌也是古代常见的一种中医药文创产品，它是现代中医药广告的雏形，集结了古代中医药工作者的聪明才智。以前的中医药店将招幌请在店门外，包括表明店铺名称的招牌和说明经营内容幌子两种形式。随着中医药文化不断演化，人们将一些具有概括意义的、约定俗成的中医视觉元素用于招幌之中。例如东汉典故“悬壶济世”表达的是对医者的赞美。古人就将“悬壶”作为中医医生治病救人的代称。目前可查存的关于古代中医药招幌的资料较少，只能从画师周培春的《京城店铺幌子图》、王树村的《中国店铺招幌》、曲彦斌的《中国招幌词典》、梦元老的《东京梦华录》或是一些老照片等少量资料里找到中医药招幌的略影。

3. 中医药包装类 有史料可考，古人最初是用一些天然的硬质材料盛载中草药，后来随着材料的创新和手工劳作者技术手段的不断提升，各式各样造型独特又具有审美价值的陶、漆、瓷、金银等器物也被中医药行业运用于草药的包装之中。例如战国时期的陶瓮、汉代的加盖陶药瓿等，包装形制从最朴素的装载之物开始变得更加注重储存的密封、防腐和保护性。唐朝是中医药包装的发展阶段，随着物质生活的提升，此时的中药包装展露出功能更完善，装饰审美更多样的态势。例如出土的海棠形制的药盒，造型饱满华贵，刻有精美鎏金纹饰，充分体现出这个时代的审美特征。到了宋元时期，整个中医行业趋于成熟。这时的陶瓷工艺日益完善，受社会主流审美影响，中医药的包装多以盒、瓶、罐为主，装饰纹样优美典雅。时至明清，中医药包装已有金、银、铜、象牙、陶瓷等更为丰富的材料，纹饰的运用增加，装饰效果以绘画为主，图形以寓意喜乐吉庆为主，如喜鹊、双鱼等，勾勒精美。随着时间的推移，中医药包装受到了西医学和印刷工艺的影响，开始了中西合璧的转型时期。此时的材质种类进一步丰富，出现了玻璃、木质、蜡丸等新形式，装饰上采用色彩鲜明跳跃的视觉元素，还出现了接近于现代审美特征的标识设计等，整体风格更加实用、简单明了。

4. 中医药仿单、代价券顾类　中医药仿单是中医药包上覆盖的一张方纸，上面用木刻雕版印着相关药铺店名、地址、药品功效、特点等的一种宣传广告。现在已知最早且留有实物的是1980 年发掘于苏州瑞光寺的北宋中药仿单。后经过明清的发展，仿单被广泛应用，比如北京老字号同仁堂、御生堂等；杭州老牌中医雷允上、胡庆余堂等，甚至一些小店铺都在采用这种广告形式。代价券顾就是优惠券，是当时中医药店想出来的便民惠民的营销广告，具有独特的艺术形式和结构美感，如今我们还能从一些老报纸老期刊上看到相关记载。尽管这些中医药文创产品比较单一质朴，但对中医药及中国传统文化的传承和传播起着一定程度的助推作用。

（二）现代中医药文创产品的创新

真正意义上的文化创意产品的概念在2003年被正式引进到国内。人们早已不仅仅满足于丰富的物质生活，开始关注精神文化层面的需求。文化价值正在逐步引导我们的消费观念，文创产业发展潜力巨大。文创产品开发完全可以成为中医药文化传承和传播的借力对象。发展中医药文化创意产业的直接目的就是通过创意产品，影响文化认知，促进中医药消费，提升中医药的竞争力。事实上，中医药的个性化的服务模式非常适合创意化的发展，并且能够得到文化创意产业的强力支撑。可以有意识地利用创意经济这种新的发展范式促进中医药的现代和未来发展。通过创意、知识与信息的结合创造新的“内涵体验”方式，中医药消费就能够成为新的时尚。目前对于中医药文创产品的创新主要表现在材料、意象、形式三个方面。

1.中医药文创产品材料的创新　创新材料对于中医药文创产品来说是一个锦上添花的元素，它是增强创意表达、体现功能作用、提高审美的物质呈现形式。从中草药中萃取新材料的创新应用，是中医药文化另一种形式的创意转化。例如某文创设计的家具，家具是用从中草药中提取可以晕染的材料，制成染料，通过扎、缝、束等多道工序进对纺织品进行扎染，再将这些布料做成沙发、矮凳等创意产品，呈现出一种自然随意、淳朴清新、富有变化的视觉美感。再如非物质文化遗产传承人祁辉创建“农女手作”工坊，将中草药染色与手工刺绣、木艺、剪纸等相融合，设计研发出一系列既传统又时尚的文创产品，如丝巾、布包、茶席、壁挂等日常用品上，每一样产品，既有中草药传统古法染色的厚重，又透着时尚气息。中草药的作用不再只是治病救人，它在艺术和创意产品层面有更多的可能性。

2.中医药文创产品意象的创新　中医药文创产品以中医药理论内涵、中医药视觉图形内在寓意（如葫芦谐音“福禄”代表吉祥）、中医药民间传说与典故里的文化寓意、中医药文化的意境为依据进行创作。在创作过程中根据现代人群特点，既要传承又要打破原有的寓意，再造新的意象，才能从行为和思维方式两个方面打动人心，引起情感共鸣。目前也有一些比较好的创意团队在文创产品上面做了意象上的创新。如某团队设计的药枕产品，创意来源于神兽玄武背负蓬莱仙山。药枕是我们用电脑时衬在手下的物件，缓解手腕的压力，和玄武典故有异曲同工之妙。

3.中医药文创产品形的创新 中医药文化中造型特征无一不是围绕着它的内在思想体系，比如圆形的虎撑内含着统一与整体思想、阴阳鱼符体现着阴阳调和之道、葫芦代表着吉祥之意等。形态是具象的表达，造型艺术与文化之间是相通的。对形的创新与开发，不只是外在的视觉表达，更是赋予产品新的内涵。如中医穴位按摩衣，将人体经络图转化成视觉信息图形，印在较为贴身的文化衫上。该产品就是将中医药文化中能够缓解上班久坐人群颈椎痛、腰椎疼、肥胖病的经络穴位，通过图形语言的再设计与服装相结合，标记在固定位置上，这时它不仅是一件美观的衣服，更是具有医疗使用价值的创意产品。整个设计目的是通过中医典籍图谱中的形，融入传统纹样，转换成新的设计语言，再结合中医治疗手段，引起使用者兴趣。

（三）中医药文创产品的分类

1.工艺品类 具有文化性、纪念性或礼品性的挂件、摆件、雕件等，如中医药的标本书签、地方中医药故事展示摆件、针灸等器具艺术化产品。

2.生活用品类 具有实用性、新颖性的各类创意玩具、创意饰品等生活用品系列。如推拿器具，手、足保健器具，中药香包、香囊，蚊香，香皂等。

3.办公用品类 造型美观、种类丰富，具有实用性、新颖性的文具用品。

4.文化品牌衍生品类 具有中医药文化品牌特色，由文化品牌衍生出的与中医药文化结合紧密的文创衍生品，如文化衫、服饰等。

5.医药保健用品类 具有保健作用和功能的医药保健实用品，如香囊、药包、药茶、药枕、保健用品等。

6. 教育用品类 针对中医药类专业学生开发的学习卡片、学习工具包、学习视频、学习书籍等。

7.文化作品类

（1）文字作品　影视剧本、小说、散文、诗歌、出版物等。

（2）艺术作品　美术、书法、摄影、漫画、艺术品、装饰品等。

（3）影像类　纪录片、歌曲、影视剧、动画片、短视频等。

（4）文艺节目　相声、舞蹈表演、话剧等。

8.其他类型。

二、案例启示

（一）中医药文创目前存在的问题

与前几年相比，当前的中医文创设计和产品水平都有所提高。这些产品在不同程度上注意对中医元素的提取，或者直接采用中医药招幌中常见的葫芦、阴阳鱼、扇子、莲花等图案和器型，或是使用合欢、桔梗、连翘、石斛、牡丹、芍药、莲花等草药花朵的图案装点书签、布袋、手账、胶带、笔记本、围巾、耳环、衣服等，或是对一些具有器物使用价值的针灸用的套针、草药香包、薰香、唇膏、彩妆等中医药产品进行开发，通过艺术创意的再创作，提高产品的视觉美感，使其成为美感、功能、价值统一的文创产品，让观者产生消费的愿望，从而使其具备经济价值的同时实现文化传播的目的。与此同时，我们也发现，与近年来日益红火的博物馆文创产品开发相比，中医药文创产品开发尚存在一些不足。一是同质化严重，无论是品类还是设计都缺乏内涵式开发，口红、书签、香囊、胶带等最为扎堆，一窝蜂现象比较严重。发现年轻人喜欢胶带，就开发24节气胶带；认为年轻人喜欢香囊，就开发24节气香囊；故宫口红受欢迎，就一拥而上做口红。二是随意化严重，缺乏对中医文化如何与文创设计深度结合的思考，开发出的产品让人哭笑不得。第三是缺乏体系性，多数中医文创产品都没有产品线概念，没有长远发展的整体性设计。第四就是文创产品价格普遍较高，一般消费者都敬而远之。

（二）中医药文创产业的实现路径

作为传统医学，中医药学的未来发展不仅要继续发挥其治病救人的功能，而且对文化多样性要有相应的贡献。目前中医药面临的关键问题并不是疗效不好，而是在医疗服务领域中的影响力和竞争力较弱，这导致了患者看病的首选率低。因此，发展中医药文创产业的直接目的就在于通过文创产品，影响文化认知，提升中医药的竞争力。同时，发展中医药文创产业是建立大众的文化自信、增进医生和患者互信的有效途径。目前，国家提倡加强中医药服务机构的文化内涵建设。若进一步深化则需要全社会的共同参与，特别是需要作为中国传统文化的典型代表的中医药文创产业的促进发展。中医药文创无论是在商品经济市场，还是在国家未来发展战略上，都是当前我国中医药事业发展的一项重要任务。我们应该进一步了解中医药文创产业的实现路径。

1.与旅游业深度融合　随着人们消费观念的升级及对自然养生的崇尚，旅游业特别是旅游养生变得十分火爆。旅游目的地的主要作用包括了旅游的六要素：吃、住、行、游、购、娱。旅游目的地是包括旅游景区的一个完整的旅游服务系统，让游客不光是游，还要留下来。庞大的旅游市场给文创商品带来极大的发展机遇。很多人出门旅游的目的主要是追求精神层面的享受和生活品质的提升。中医药文创产品可以和康养旅游携手，打造有吸引力的康养旅游景点、开设康养旅游特色项目，开设康养旅游风情购物街等。通过美景吸引游客进行中医药文创产品的体验和购买，然后又通过中医药文创产品的美好体验来反哺旅游，形成可持续的发展合力。具体可以从以下几点入手。

（1）充分开发中药材的旅游价值　我国幅员辽阔，地势复杂，地形多样，且因各地的气候、日照、水土等不尽相同、蕴育了丰富的物种资源。其中的天然药资源、仅典籍记载的就达到3000余种，占世界总数的12%以上，位居世界第三位。我国的名贵药材遍布全国各地，如东北的人参、西藏的雪莲、宁夏的枸杞、四川的黄连、云南的三七等，南朝陶弘景曰："诸药所生，皆有境界。"因此，药材的地域性与药材的性味、质量和疗效有密切关系，每一种药材背后都流传着与其功用相关的人文历史典故，药材的观赏性、知识性、趣味性、人文性都是中医药旅游深度开发的卖点。其次中药材的栽培、炮制、膏方制作、药味品尝等能够给游客带来亲身体验的良好感觉，对传播中医药文化，加深对中医药文化的理解起到不可替代的作用。

（2）充分挖掘中医饮食旅游　文化旅游中将道地药材和特色饮食结合，让旅客品药膳，喝养生茶等，让游客既尝到有地方特色的美味佳肴、点心小吃，也可体会到中国饮食文化、中医药文化的精妙所在。

（3）休闲保健文化与旅游文化的结合　在人类文明高度进步的今天，旅游不仅是简单的户外放松，更是身心的一次集中调理，为今后的生活工作积聚更多的能量。旅游团体中老年人逐渐增多，这类群体大多都处于健康不稳定状态且有闲暇时间修心养性之中，因此他们对中医药养生旅游的兴趣更为浓厚，希望通过旅游养生，获取养生知识，从而达到延年益寿的目的。

2. 门店与互联网融合　传统的中医药文创产品商店都是一些实体店。互联网出现之后，实体店主要是利用互联网做一些宣传，更深的融合比较少。可以利用互联网电商开店，直接将货物卖给所有需要的人。现在出现了线上与线下融合的模式，也就是O2O模式，即人们在线上浏览选择商品，到线下的实体店里确认选择，并在线上付费。这种新的模式对中医药文创产品的销售将起到很大的促进作用。如故宫在北京的首家线下快闪店。快闪店一营业，就吸引了颇多顾客，其中的绝大多数都是年轻人。这种传统与时尚的碰撞感引起了另一种风潮。对此，有评论认为，快闪店的形式是故宫文化“出宫”的一次有益尝试。快闪店的出现，一方面能让故宫文化贴近到更多人的生活中，让人们在逛街娱乐时就可以轻松感受故宫文化的魅力；另一方面通过快闪店内的互动活动，让游客进行有趣的文化体验，对传统文化的传播起到积极作用。中医药文创可以借鉴该模式，在一些人流量大、影响力较大的区域建立中医药文创馆体验点、中医药文化大讲堂，开设药膳餐厅、中医药文化数字多媒体展览、非遗项目展示等，将人流从线上吸引到线下，待消费习惯养成后再固定于线上。

3. 与现代媒体的融合　中医学历史悠久，它孕育于农耕文化的土壤，是中华民族传统思维方式的集中体现，它具有现代性质和现代意义。国医大师邓铁涛说：“中医传播需要借助现代媒介，网络和电视可以为中医插上腾飞的翅膀。”传统的中医正在借助现代化的手段实现复兴。中医和时尚文化的联系变得日益紧密。

2016年一部《本草中国》横空出世，这是国内首档大型中医药文化纪录片，以温暖真实的视觉力量纪录隐遁的中医药传承人的故事。从人文角度、从自然生命角度深度解密中医药文化。因此，在充分挖掘中医文化的内涵和本质的基础上，合理运用各种现代传媒手段，实现中医文化的再创造，以影响当下的生活观念和生活方式，从而实现中医文化创意产业的发展与繁荣。

4. 与“治未病”等养生理念相融合　近年来，快节奏生活方式、不良生活习惯，使大部分人都处在亚健康的状态。人们对生活质量要求逐渐提高，对健康的渴望也愈加强烈。仅依靠被动治疗，而不加以防御，是不可行的。因此，“疾病预防”的重要性日益凸显，

“治未病”的理念被逐渐重视。现在越来越多的年轻人，开始拿着保温杯泡枸杞，“养生”这个词已经不仅是中老年人的专属了。年轻人也开始逐渐关注起了养生这方面的问题，在玩乐的同时“佛系”养生。比如，自我按摩、叩齿、揉面、冥想、提肛、六字诀等，一个轻轻的举动，一个小小的意念，都能带来意想不到的收获和健康体验，这就是中医药文化的妙处。中医药文创可以给日常生活用品赋予预防保健的功能，如一支笔、一个茶杯、一把椅子、一个鼠标等，其实都可以增加保健元素。比如给汽车座椅赋予穴位按摩的功能，当司机驾车或坐车疲劳时，座椅就成了按摩椅，这种巧妙的多功能融合深受消费者喜爱。例如现在的许多用品都冠以“养生”的名号，足浴盆、按摩器械等不一而足，坐、卧、住、行、食、用，生活中的每一个方面，都可以激发新的创意与灵感。开发富含中医传统与创新文化的周边产品，势必成为消费者的心头爱。或者主打中医养生产业，强调创意养生，重视客户体验，为客户提供新型养生方式，帮助客户更便捷地在生活中学会养生、享受养生，给客户带来一种前所未有的生活新体验也是时下的一种热门选择。逐步拓宽吃、穿、住、行等领域，形成以中医药养生文创产品（如各类养生器具、养生花果茶、养生食品糕点、养生挂件摆件等）为核心的多元化经营模式。中医药养生与文化创意相结合使养生变得更加便捷有趣，这是中医药文创的一种发展必然。

中医药文创产业的飞速发展首先应就中医药的文化特性、科学内涵、产业模式、原创潜力、健康服务的个性化趋势等进行研究，并以此为基础制定中医药文化创意产业发展规划，促进中医药文创产业的发展。其次，人才是文化创意产业的重要承载主体，还需要对从业人员开设中医药文化融合式课程教育，对他们进行相关知识的教育，这样有助于他们深刻理解中医药文化的关键内涵和核心价值，从而设计出更好的文创产品。最后，中医药文化产品的创意开发，还需要复合型人才或团队的合作。对于中医药专业的学生来说，应该在学好中医药专业知识的同时，还要积累历史、文学、艺术、美学等其他相关知识，这样才能够在对中医药文化自有特色资源进行发掘的同时，进行图案、材质、器型等方面多层次的开发。这样才能够设计出凝聚真心、创意与灵感的产品。

（田秀蓉）

项目二　互联网＋中医创新实务

案例一　互联网＋推拿服务实务——“宜生到家”案例

学习目标

1. 了解互联网+推拿服务的现状。
2. 了解宜生到家的创新发展历程。
3. 从本案例得到创新创业的启示。

项目 2–1

案例导读

宜生到家是专业的中医推拿上门服务的O2O平台，主要提供到家、企业、医院、门店场景下的中医推拿、小儿推拿、产后调理、康复理疗服务以及家庭用户的个性化健康管理。目前主要覆盖北京、上海、深圳等地。宜生到家以中医外治法联合调理、个性化管理服务作为切入点，成为领域内推拿师人数多、服务品类多的平台。

思考题：在众多的推拿服务行业中，宜生到家，是如何在激烈的竞争中取得影响力的呢，其诀窍是什么呢？

一、创新发展历程

（一）传统的推拿服务模式

传统的推拿服务模式，就是线下的门店服务模式。其优点是推拿师和顾客双方均在门店内，安全性比较高；在固定门店，有专业的按摩床，比上门服务的客户家中沙发或床的体验效果更好；门店服务也能直接监控和考量到技师的服务水平。但缺点也比较多，主要体现在两方面，一是时间上的冲突，大多数顾客的上班时间，与门店上班的时间一致，所以导致大多数顾客没有时间来做推拿；若都选在周末，门店容量又有限，有可能出现平时门可罗雀，周末门庭若市。二是门店如果离顾客太远，顾客可能因为距离原因放弃到该店理疗，那么该处门店的顾客量会大打折扣。

（二）互联网+推拿的发展模式

O2O模式：O2O，是online to offline的缩写，是指将线下的商务机会与互联网结合，让互联网成为线下交易的平台。O2O的概念非常广泛，既可涉及到线上，又可涉及到线下，所以通称为O2O。在互联网中医领域，O2O模式亦表现得最为突出。有行业统计数据显示，自2014年底以来成立的推拿O2O公司已接近百家。

（三）"宜生到家"创新举措

1.OMO模式（online-mobile-offline） 2020年，宜生健康开启了2.0时代，升级为健康服务OMO平台，从而具有更大的便捷性，可以随时预约到任何一个场景，如办公室、家中、酒店。OMO商业模式是一种行业平台型商业模式，通过在线分享商务、移动电子商务、线下商务的有效聚合，帮助企业顺应体验经济的发展和用户需求的变化，简化获得实体商品和服务的途径，打造线上—移动—线下三位一体全时空的体验店营销系统，使企业与用户能够通过各种载体及终端进行交易和消费。拥有这种统一平台型商业模式的企业，可结合自身产品与服务特点，合理配置企业资源，制订相应的经营战略，实现品牌传播与实际交易的双赢。宜生到家从线上线下模式发展为线上—移动—线下模式，将逐步拓展"上门到家+实体门店"全场景服务，促进线上、线下融合，全面赋能实体门店，提升门店运营能力和盈利能力，助力门店全面转型，拥抱产业互联网。

2.支付宝小程序 在很长一段时间，上门O2O企业都无法逃避流量成本高、获取信任难、拉新补贴遭恶意刷单等三大顽疾。2018年，宜生到家推出支付宝小程序，可以打消顾客的顾虑。支付宝品牌特点和用户的认可度高，客户通过支付宝直接搜索宜生到家，就可以进入该程序，进行上门预约服务。受益于宜生到家和支付宝双重加码的品牌形象，及支付结算等技术支持，宜生到家支付宝小程序很快就搭建了一条受用户信赖的桥梁。目前，支付宝小程序带来的新客户已经占到了平台全部新用户的45%。支付宝小程序的反刷单作弊能力可帮助开发者迅速判断用户是否真实，极大的减少了被刷单风险。同时降低了公司的运营成本，提升了资金运转能力。

3.技师要求严苛 宜生到家对技师的要求十分严苛。所有入职宜生到家的技师，不论是刚入行的还是十几年的老技师，都必须经过从基础的理论到复杂的辨证论治的培训，培训包含至少40天实操培训和理论培训，然后经过全方位考核，每项都考核过关了，才能成为宜生到家的员工。即便上岗以后，也要接受定期考核。其中中医调理师要具有由人力资源和社会保障局颁发的中医调理师高级资格证书。

宜生到家也为推拿师提供了完整的职业晋升通道，晋升的考核内容包括各种病例的标准化治疗技法熟练度、连续三个月内的订单量、客户好评等，级别越高，订单越多，好评越多，收入越多。为留住更好的技师，促进技师不停学习上进打下了制度基础。

4.形成独特的内调外治干预方案 宜生到家所有数据来源于互联网数据的收集，有大数据的积累，然后针对常见病和慢性病，提出相应的解决方案。2015年初，宜生健康与多名专家教授合作，将中医外治、康复医疗、产后康复等健康服务标准化，打造中医对症推拿、小儿推拿、产后调理、康复理疗四条特色主线，目前，宜生到家已经针对小儿、孕妇产妇、亚健康的33种常见病、慢性病，制订了完整的外治内调干预方案。

5.安全保障 宜生到家对技师有严格的筛选制度。宜生到家平台项目由保险公司承保，宜生到家保证每个订单、每个顾客的人身财产安全。平台担保保障用户安全，技术上设有严格的安保措施，可以短时间内触发报警。平台承诺，顾客不满意退全款。

6.股权激励 公司为平台签约推拿师发放股权，宜生到家成为一家全民持股的互联网平台，这是首家为推拿师提供股权的O2O平台。使得推拿师的观念从原来的给别人工作转变成是为自己工作，大大增强了工作主动性和积极性。

二、案例启示

1.紧跟时代发展，与时俱进 互联网从诞生之日起只有简单的文字元素，而到现在已开发出声音、图像及VR等元素，使得互联网内容的呈现更加生动；使用互联网也从单一的电脑延伸到移动设备，特别是手机。互联网技术的进步丰富了人们的生活，人们也乐于接受这种进步带来的方便、快捷。因此，在平台的选型上要兼顾适用性与先进性，特别是先进性，即对大数据的分析及利用。

2.注重“借船出海” 任何一个新生互联网平台的推广都是一项费时费钱的工程，特别是整合了信息、订单及支付内容的平台，完全靠自己的力量发展是特别困难的。因此，应根据自身平台的特点，与潜在客户流量较大、支付体系完善的现有平台建立合作关系，利用他们的优势，通过引流、代收代付等手段，不断发展壮大自己的信誉度、认可度，起到事半功倍的效果。

3.产品和服务是本质 互联网技术是实现自己的产品和服务到达客户的手段。对客户的忠诚度和信赖度起决定作用的是产品和服务本身。因此，要认真分析自己的产品和服务的不足之处，不断听取客户意见，做到及时改进和加强。

4.注重员工的主观能动性 每个优秀企业的背后一定有一群优秀的员工，而优秀的员工不是与生俱来的，企业的发展要与员工的发展相呼应。将员工能力素质的提高与经济效益挂钩，形成公平合理的竞争体制，同时引入期权激励机制；注重企业文化建设，使员工有价值认同感和归属感。

（陈春梅　孙金政）

案例二　互联网 + 中医诊疗实务——“上医仁家”案例

学习目标

1. 熟悉“上医仁家”案例的创新发展历程。
2. 了解“互联网+中医诊疗”的概念。
3. 会用“互联网+中医诊疗”的思路探索创新创业思维和实践。

项目 2–2

案例导读

随着信息技术的发展和国家对“互联网＋医疗卫生服务”的高度重视，近年来在优化中医医疗服务流程、创新中医医疗服务模式、推进中医远程医疗服务、发展中医养生保健互联网服务、推进中医特色健康管理智能化、加强中医特色康复信息服务、推动中医药健康养老信息化、发掘中医药文化与健康旅游资源、促进中医药服务贸易信息交流等方面取得了长足的发展，很大程度上解决了人民群众看病难、看病贵的难题。

“互联网＋中医药”可以有多种模式，例如在线问诊、中医药电商、O2O送药、互联网中医教育等。在选择其中一种传统模式的基础上叠加互联网手段，难以起到创新融合和提速增效的作用。中医对药材质量依赖程度高，中药材质量早已引起业界重视，如何通过新技术来保障药品质量，如何提升患者就医满意度。随着诸多问题的解决，“上医仁家”在众多的“互联网＋中医”企业中脱颖而出。

思考题：传统中医医疗模式与比现代中医医疗服务模式有哪些区别？

一、创新发展历程

（一）合作企业简介

“上医仁家”，是某上市公司旗下的全产业链、立体化中医服务品牌。拥有自有供应链（包含自建生产基地生产的中药饮片和配方颗粒、诊疗服务项目研发推广、产品成果转化等）、自有线下中医馆（全程采用“一位首席专家+一名私人医生”服务模式，为用户提供药、食、动、思、养、知全疗程诊疗精细化服务，上医仁家的互联网+中医模式能够让用户快捷、便利、精准地找到好中医，不仅要好看病，还要看好病，对于提升中医药诊疗服务水平、拓展中医药影响力具有重大意义。

（二）现有互联网+中医的发展模式

1. 在线问诊咨询模式　主要进行在线咨询和问诊。2015年后，中医在线咨询、问诊平台开始增加，基于中医本身所具有的特性，在线问诊平台大多是针对一些普通病、常见病等一般人“可扛可治”的疾病。同时，这类平台大多也都具有预约挂号的功能。

2.传统中医馆互联网化 在新形态的互联网中医创业公司兴起的时候，原有中医馆在互联网背景下的蜕变和创新。例如位于杭州的某百年老店，自2009年就开始尝试电子商务，并在平台上设立旗舰店，主要销售中医学类产品。从目前的观察来看，互联网工具在提升实体中医馆的业务量方面有着非常明显的作用。

3.中药企业+互联网 与西药企业积极拓展医疗服务一样，中药企业也在利用互联网切入中医服务。诸多药企旗下拥有中药网、云健康服务平台等。一部分企业取得了网络医院的资质，可以开展远程医疗服务。

（三）“上医仁家”创新举措

1.打造“中医新生态” 上医仁家通过行业市场调研发现，当下主流“互联网+中医”行业虽然缓解了传统环境下医生付出与收入不匹配、患者就医“三长一短”等顽疾，但其高成本运营模式不但没有形成预期的可持续转化，同时也令企业发展步履维艰。面对这些行业痛点，上医仁家决定开辟一条新路径：构筑“中医新生态”。自此上医仁家3自有体系（自有药材供应链+自有线下医馆+自有线上平台）逐渐成形，该体系以其不可复制性成功形成企业发展壁垒，为上医仁家的发展提供了结构保障。上医仁家对宏观政策导向的解读、流行趋势的把握、中医未来蓝海的判断使其成为真正跑通“中医+互联网”模式的公司。

2.打造“线上+线下”全产业链立体化中医平台 上医仁家以线上带动传统中医变革，更以“线上+线下”的全产业链立体化模式建立了差异化竞争优势。3年时间，上医仁家用一连串有力的数据向行业宣示了自己的存在，也证明了“3自有”体系的可行性。2016—2019年，上医仁家的“成长加速度”远高于行业平均水平：4万+中医生、5000+医生助理、15家自营高端医馆、500+合作医馆。通过自有供应链下的源头供给力和科技，为线上线下提供赋能。上医仁家超120个药材种植基地，从源头品控，并有效保证了自身的竞争优势。同时，通过超10万个的药材红外指纹图谱和药品溯源技术，进一步定义了中药材的品质标准。

3.打造高品质+低成本运营模式 上医仁家从创业伊始便注重自我造血能力——狠抓转化率。传统互联网医疗平台的“患找医”的低转化率模式被排除在自建体系外；以合作形式出现，高转化率的“医带患”模式被选为立足点加以深耕。以“3自有”体系为基础，立足医生让医生服务得到了升级，如包括打破场景壁垒，上下联动扩展中医生的服务半径；供应链药品品质保障，守护医生组方药效口碑，确保中医生的诊疗质量；医生入股医馆等。伴随对医生服务水准的提升，进驻平台的医生数量也呈几何量级增长，加之医疗领域医患之间医生天然的主导地位，患者数量也随之成倍增长，同时中医这一垂直细分领域的特殊属性导致“高复购率”，最终形成了上医仁家的高转化率。

与此同时，上医仁家低成本运营能力也积极推进，“3自有”体系的建立，药材供应链成为了上医仁家的重要组成部分，上医仁家可以最低的价格拿到品质最优的药材，“医带患”模式也将获客成本进一步压低，加之兄弟公司兼职的5000+医生助理持续拓展医生资源，上医仁家的低成本运营被发挥到了极致，其运营成本仅为行业平均水准的八分之一。

由此可见，上医仁家构造的“中医新生态”创造了强大的资金周转运营能力，确保了企业的现金流稳定。

二、案例启示

（一）启迪“互联网+”思维

互联网对于大众，并不是科技发明，而是日常应用。使用互联网，就像人们用水、用电一样。上网的人，不是发布者、就是浏览者，这是种随时能互换的供求关系，改变了人际交往轨迹。因此，互联网时代的创新，更多是意识创新，每个人都拥有了很多不同的生理维度和心理维度。中医的传承创新不能拘泥于传统的思维方法，更要与当前的时代特征相融合，要求我们将中医药与互联网结合发展，转换传统思维，才能满足人民群众对健康的需求。

（二）敢于尝试，敢于怀疑

专家们的声音有很多，上医仁家通过专家调研，认识到绝大多数互联网产品关乎生活，而互联网医疗产品，关乎生命，中医专家的顾虑是基于医疗的本质，也是上医仁家借助互联网创新中医模式的准则，即：平衡好创新与传统的关系，传承不泥古，创新不离宗。听取了质疑、反对的声音，把这些问题解决掉，就是成功的关键。

（三）始终把品质放在第一位

在互联网中医的创新模式下，“药品质量如何保障”“面诊需求如何满足”“服务速度如何提升”是初期上医仁家保障中医服务品质的重要考量问题。为此，上医仁家借助母集团供应链资源保障药源品质，通过120个药材种植基地，10万指纹图谱严选，利用溯源码追踪。自有供应链保障药品品质，线下用自营医馆搭建标准，用合作及加盟的方式增加面诊分布，满足医生和用户的面诊需求，提升诊疗服务品质。

（四）坚守中医人的“初心”

上医仁家的初心是为了能够让用户更快捷、便利、精准地找到好中医，不仅要好看病，还要看好病。中医人要始终以救死扶伤、全心全意为人民健康服务为初心。要牢记历代中医药前辈对我们的谆谆教诲，永远把患者的利益放在第一位，要始终以患者为中心的服务理念，想患者所想，急患者所急。要透彻理解并坚决执行国家各项医药卫生工作要求，帮助人民减轻医疗负担。加强医患沟通，拉近人民与医务人员的心理距离，构建和谐的医患关系。

同时，要努力做好中医传承和发展工作，充分发挥中医药优势是我们中医人的使命。中医，是我国传承千年的国粹，始终坚持以发挥中医特色、提高中医疗效为主的发展战略，树立“互联网+中医”特色形象，打造特色品牌，发挥中医特色优势。

（莫长忍　刘亚娟）

案例三　大学生互联网＋创新创业比赛案例

学习目标

1.熟悉中国国际“互联网+”大学生创新创业比赛，并能初步撰写比赛企划书。
2.了解“互联网+”以及其在现代生活、学习、工作中的作用。

项目 2–3

案例导读

2017年10月，第三届中国“互联网+”大学生创新创业大赛全国总决赛在西安落下帷幕，来自江西某所高校的“蚊所未闻——青蒿驱蚊产品”创业项目，从全国2241所参赛高校的37万个参赛项目中脱颖而出，为江西省斩获唯一金奖，并在决赛现场获风投机构200万元的创业投资资金。

思考题：什么是大学生“互联网+”创新创业比赛，如何参加?

一、创新发展历程

（一）互联网+

互联网通过各种方式渗透在我们的生活中，国内“互联网+”理念的提出，最早可以追溯到2012年11月。在未来，“互联网+”公式应该是我们所在的行业的产品和服务，在与我们未来看到的多屏全网跨平台用户场景结合之后产生的这样一种化学公式。怎么找到你所在行业的“互联网+”，则是企业需要思考的问题。

“互联网+”简单地说就是“互联网+传统行业”，但这并不是简单的两者相加，而是利用信息通信技术以及互联网平台，让互联网与传统行业进行深度融合，利用互联网具备的优势特点，创造新的发展机会、创造新的发展生态。“互联网+”通过其自身的优势，对传统行业进行优化升级转型，使得传统行业能够适应当下的新发展，从而最终推动社会不断地向前发展。互联网是大众创业、万众创新的新工具。

（二）创新创业

创新创业是在创新基础上的创业活动，既不同于单纯的创新，也不同于单纯的创业。它既强调创新（开拓性与原创性），又强调是通过这种创新和实际的创业行动并且能获得一定的利益的行为。创新创业是在创新基础上的创业活动，创新是创业的基础和前提，同时创业又是创新成果的载体和呈现，并在创业活动过程中，不断优化资源配置、总结提炼，以实现创新的更新与升级。创新带动创业，创业促进创新。

“大众创业、万众创新”是时代的新浪潮，青年兴则国家兴，青年强则国家强。让创新成为青春远航的动力，让创业成为青春搏击的能量，让青春年华在为国家、为人民的奉献中焕发出绚丽光彩。青年们要扎根祖国大地，在创新创业中增长智慧才干，在艰苦奋斗中锤炼意志品质，在亿万人民为实现中国梦而进行的伟大奋斗中实现人生价值，用青春书写无愧于时代、无愧于历史的华彩篇章。

随着我国现代信息技术飞速发展，“互联网+”时代已经到来，网络与各行业的创新已融合，使互联网技术得到普及。在这种环境下，推行创新创业，加强大学生创新创业能力是必要的。但因为大学生这个群体社会实践经验与能力的欠缺，导致部分大学生创业在初期就自行夭折，使大学生创业成为了共同关注的话题。在这些背景下教育部开展了中国国际“互联网+”大学生创新创业大赛，该比赛已经成为我国覆盖面最大、影响最广的大学生创新创业盛会，旨在以赛促学、以赛促教、以赛促创。通过比赛锻炼大学生们敢闯的精神、会创的能力。

（三）互联网+大学生创新创业大赛

1. 创新创业大赛　大学生创新创业大赛是利用大学生的课外创新成果进行展示或者实际转化的大赛，是国家推动大学生积极创新的主要方案之一，是落实国家“大众创新，万众创业”时代号召的重要举措。目前全国以大学生为主体的创新创业赛事包括以下三个（图2-1、图2-2、图2-3）。

图 2-1　挑战杯（大挑战杯）

图 2-2　创青春（小挑战杯）

图 2-3　“互联网 +”大学生创新创业大赛

这三个比赛又略有不同，其中挑战杯（大挑）是一项大学生课外学术科技作品或者成果展示类竞赛，可以说是一项大学生创新类比赛。创青春和“互联网+”是一项利用已有科技成果进行模拟商业运作，从而进行假想（或实际）创业的大学生比赛。可以说是一项大学生创业类比赛。其中挑战杯和创青春比赛每两年交替举行，互联网+比赛每年举行。比赛虽有时间的安排，但项目的完善筹备是一个长期的过程。纵观三个比赛，不难发现首先需要有研究成果的创新才可以更好的参与创业类的比赛，所以在此也推荐大家首先参加“挑战杯”获得创新性的认可，再利用科研成果进行商品转化从而进行创业类比赛。

2.中国国际“互联网+”大学生创新创业大赛 中国国际“互联网+”大学生创新创业大赛，是中国大学生创新创业方面顶级赛事之一。要求参赛项目能够将移动互联网、云计算、大数据、人工智能、物联网等新一代信息技术与经济社会各领域紧密结合，培育新产品、新服务、新业态、新模式；发挥互联网在促进产业升级以及信息化和工业化深度融合中的作用，促进制造业、农业、能源、环保等产业转型升级；发挥互联网在社会服务中的作用，创新网络化服务模式，促进互联网与教育、医疗、交通、金融、消费生活等深度融合。

（1）大赛的目的 “互联网+”大学生创新创业大赛旨在深化高等教育综合改革，激发大学生的创造力，培养造就“大众创业、万众创新”的主力军；推动赛事成果转化，促进“互联网+”新业态形成，服务经济提质增效升级；以创新引领创业、创业带动就业，推动高校毕业生更高质量创业就业，大赛的目的主要有3点。

一是以赛促学，培养创新创业生力军。大赛旨在激发学生的创造力，锤炼意志品质，开拓国际视野，在创新创业中增长智慧才干，把激昂的青春梦融入伟大的中国梦，努力成长为德才兼备的有为人才。

二是以赛促教，探索素质教育新途径。把大赛作为深化创新创业教育改革的重要抓手，引导各类学校主动服务国家战略和区域发展，深化人才培养综合改革，全面推进素质教育，切实提高学生的创新精神、创业意识和创新创业能力。推动人才培养范式深刻变革，形成新的人才质量观、教学质量观、质量文化观。

三是以赛促创，搭建成果转化新平台。推动赛事成果转化和产学研用紧密结合，促进“互联网+”新业态形成，服务经济高质量发展，努力形成高校毕业生更高质量创业就业的新局面。

（2）参赛意义 一是提升自己的创新能力。每个人都有自己的特长，在某些方面领域有自己的思想，而且有些想法甚至可以改变我们的生活和学习，在学习中思考、在生活中提炼，不断研究和解决问题，培养自己的创新意识，提高自己的创新能力。

二是锻炼自身思维能力、写作能力和表达能力。互联网+或者其他创业比赛均需要撰写申报书、策划书、PPT等。比赛过程当中团队需要完成很多文稿。在撰写过程中，能够锻炼思维能力，在表达上更具有条理性、严谨性；在这个过程中学会归纳总结、梳理内容，使条理清晰、内容明确，不断加强逻辑思维的锻炼。另外路演时还需要一个展示自己项目全部优点且页数一般不超过15页的精美PPT，还有一个能够动态完美展现项目的3分钟的路演视频，可以说在这个修改过程中你的写作能力、PPT制作以及多种现代信息技术能力会得到一个相当大的提高。

三是团队协作能力。这么一个庞大的工作不可能一个人完成，我们需要组建一支包括多方面人才的团队（包括文案书写、视频拍摄、财务运行、路演表达等各方面人才），这种多元化的团队可以让你走出自己的圈子去结交和各个专业的朋友，大家交流碰撞，不仅拓宽了自己的视野，也极大的锻炼了自己的团队合作能力。如果你足够幸运，也可以和队友，甚至是对手获得一份宝贵的“战友情”。

四是通过比赛能够充分锻炼同学们发现问题、分析问题、解决问题的能力。这对之后工作或者生活都有很大的帮助；如果你获得了奖项，不管是升学、还是找工作，都是有很大帮助的，能够展现你的实力，提升竞争力。

（3）参赛赛道以及类型

①赛道：“互联网+”大学生创新创业大赛分为五个赛道：高教主赛道、青年红色筑梦之旅、职教赛道、萌芽赛道、产业命题赛道。

②类型：参赛类型主要有六大类。一是“互联网+”现代农业，包括农林牧渔等；二是“互联网+”制造业，包括智能硬件、先进制造、工业自动化、生物医药、节能环保、新材料、军工等；三是“互联网+”信息技术服务，包括人工智能技术、物联网技术、网络空间安全技术、大数据、云计算、工具软件、社交网络、媒体门户、企业服务等；四是“互联网+”文化创意服务，包括广播影视、设计服务、文化艺术、旅游休闲、艺术品交易、广告会展、动漫娱乐、体育竞技等；五是“互联网+”社会服务，包括电子商务、消费生活、金融、财经法务、房产家居、高效物流、教育培训、医疗健康、交通、人力资源服务等；六是“互联网+”公益创业，以社会价值为导向的非营利性创业。

参赛项目不只限于“互联网+”项目，鼓励各类创新创业项目参赛，根据行业背景选择相应类型。赛事分为校赛、市赛和国赛三级赛制。大赛设金奖、银奖、铜奖和各类单项奖。以上各类项目可自主选择参加“青年红色筑梦之旅”活动。

（4）参赛时间及报名

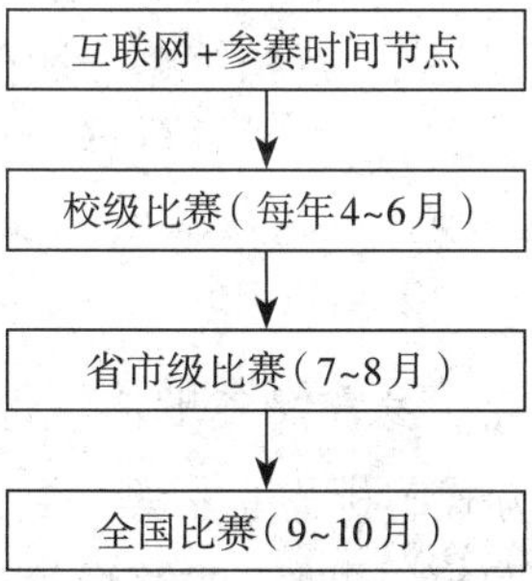

所有参赛项目都必须通过“全国大学生创业服务网”或大赛公众号（名称为“大学生创业服务网”或“中国‘互联网+’大学生创新创业大赛”）任一方式报名。随时关注学校通知，按照要求报名，学校一般会在每年3~4月份发通知动员广大师生参加。校赛一般在4~6月份举行，省赛一般在7~8月份举行，国赛一般在10月份举行，具体时间以各级大赛组委会通知为准。注意时间节点，每年时间要求可能会有变化，请以学校通知为准。

（5）参赛准备　参赛之前一定要详细阅读相关的通知文件，组起来一个全面负责的团队，了解目前市场需求，提出一个有新意、有价值的想法，比赛需要准备的主要有四项内容：计划书、路演PPT、路演短视频及路演答辩；通过商业计划书展现出来一个社会化、商业化的项目，通过简单精美PPT在短时间内讲解清楚项目，通过视频动态解释项目最关键点或者有特色有优势之处，再通过答辩完成整个比赛。

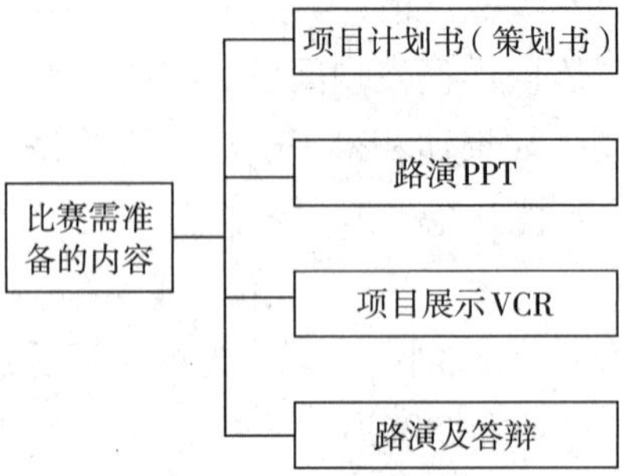

根据要求我们可以从以下几方面入手。首先是项目的选择。一是，结合学校老师的一些科研项目或者在专利、文献中寻找课题：综合利用专利发明创造，在一系列专利文献中将能为自己发明创造的目标所用的内容都选出来，加以综合利用，寻找专利中存在的未解决问题进行发明创造，取其最好的方案为突破口。尤其是和专业相关的一些专利，比如艾灸筒、智能辅助起身的马桶等。二是，结合生活、新闻、网络上寻找课题，生活中有许多信息，可以启发我们的灵感。通过新闻、报纸、媒体可以了解当下时事热点，抓住发展趋势。网络是现代社会的重要媒体，它有信息量大而快的优势，而且生动具体。例如：新闻报道，某一高层建筑发生火灾，云梯长度不够，于是有了研制无人灭火机、灭火炮，或者多功能防盗救生网等想法。选择好合适项目后就可以根据上面我们说的四项内容进行准备，其中前三项是我们备赛的三巨头，尤其重要。

①项目策划书撰写

“互联网+”创新创业大赛的项目计划书具体内容分为十大块：封面、项目概要、产品与服务、市场分析及定位、商业模式、营销策略、团队介绍、组织管理、财务计划与分析、风险控制以及附件等。总体来说，这个项目计划书就是要写清楚：你为什么要做这个项目why；准备做些什么what；怎么做这个项目how；团队的构成人员who；财务盈利how much；下面进行简要介绍。

封面：封面内容包括项目名称、参赛对象类型、参赛项目类型、学校名称、团队名称、组长名字、指导老师、联系方式、标志logo等。封面很重要，一定不要出现错别字，同时项目名称尽可能可以在抓人眼球的同时，能够清楚表达的自己项目的内容，好的项目名称不仅好读、好记，还能体现项目核心竞争力，让评委一眼就知道你们是做什么的。建议项目名称不要直接用公司名字、不要太复杂太深奥、也不要范围太小。

项目概要：概括地说出整个项目的主要内容，让评委在开头就能大体了解项目的主体内容，有一个大致的框架。

产品与服务：这一部分应该写出具体项目中包含的产品的功能、特点、应用领域、优势、创新内容、服务对象以及已获得成果等。

市场分析与定位：需要在这一部分中分析当前市场的背景、环境、行业竞争、行业定位、SWOT分析等，主要用来分析说明该项目的可行性，可以多用数据或案例去说明。

商业模式：在这一部分里，你需要写清楚你的项目是采用什么样的模式来进行营销，如何定位你的目标人群，如何满足用户需求，是否适应市场的需求，盈利点在那里，盈利模式怎样，收益效果怎样，以及能否实现产业化，这一部分是投资者重点关注的对象，也是一个项目能否成功落地的关键所在。

营销策略：包括市场发展策略、产品策略、定价策略、渠道策略和促销策略等。

团队介绍：也就是介绍这个项目团队的成员，可以包括创业顾问、指导老师、主要投资人和持股情况，团队成员可以跨专业，顾问尽量找业界知名人物等。

组织管理：主要是任务与人员的匹配问题，如职能部门设置、人员角色分工，每个组员可以分配上CEO首席执行官、CFO公司首席财政官或财务总监、CI首席信息官、CTO首席技术官等。

财务计划与分析：这一块重点是针对“钱”的，也就是包括股本规模与结构、融资方案、盈利能力分析、风险资金退出策略等。

风险控制：需要分析潜在的风险，并提出相应的防范措施最后。

附件：附件中添加曾经获得过的奖项、专利、软件著作权、论文、合同、用户评价、公司资源等。

②路演PPT制作

比赛的关键，一是项目计划书，二就是路演效果，路演PPT是路演环节不可或缺的材料。在配合演讲的同时，清晰、明了、精美、简单的PPT应概括整个计划书内容，这能帮你赢得评委倾心。路演PPT在制作上有以下要点。

一是文字描述占比：路演PPT是配合演讲的辅助材料，PPT应尽量图文并茂，将重点文字展示出来，而不是长篇大论。尽量用图表、图片、模型代替文字。比如竞争分析、财务数据、产品分类等，可用图表展示的，无需用大段文字做阐述。项目背景、发展现状等可用图片展示，达到精简清晰的目的。产品体系、商业模式、发展规划等可用模型直观展示，让评委直接看到关键点、核心亮点，以及关键点之间的逻辑等，降低理解难度，让整个商业计划书商业性更强、专业性更强。

二是各模块比例平均：PPT应注意重点突出，优势凸显，让评委直接捕捉到项目的亮点。凸显重点时可使用“字体加粗”“字体标红”等辅助手段。

三是PPT页数：PPT页面不用太多，一般为15~18页，最多不超过20页。如页面过多，不仅演讲时间不好控制，对于重点部分的详述也做不到位，评委关注度降低，直接拉低项目的整体印象。

四是理清结构：一堆内容堆在一起，只能算作素材，路演PPT一定要结构清晰。有了框架，内容才更有价值。具体可以分6步进行。

产品与服务	客户需求	商业模式-现在	创业团队	项目现状	融资计划
	政策支持	未来规划-未来		财务分析	
	市场趋势			成功案例	
	竞争对手				

第一部分是封面，一句话描述你的项目名称，说出你的产品与服务。

第二部分是分析市场现状和行业背景，讲清楚项目相关行业的发展和空间，现在国家地方政策如何，目前客户需要什么、项目解决了什么样痛点，你的竞争对手的不足之处，表达出为什么、凭什么做这件事。

第三部分是解释项目如何去做。对于前面提出的痛点，项目提出了什么样的解决方案，或者什么样的产品，能够解决痛点。讲清楚项目核心竞争力是什么，你的用户群体是谁，说明产品或者解决方案的竞争力，商业模式是怎样运作的，如何规划产品的未来发展。这部分包含了产品的研发、生产、销售和营销等需要重点解说。

第四部分介绍项目团队。这是一个展示的环节，要讲清楚创业团队的人员构成、分工和股权比例，强调项目团队的优势。

第五部分，项目现状，对于项目目前发展到哪一步，有些什么成效，是否申请专利或者获得什么专利，是否有过成功案例，或者是否实现盈利，盈利金额多少，如果已经有了初步的创业成果，一定要展现。

第六部分，财务预测和融资计划。要说清楚未来一年或者两年要释放多少股份，用融资的钱来干什么，有什么业务目标。如果之前有融资历史，要一并阐述出来。

最后，总结整体的项目要素，感谢评委们的倾听。

③项目展示VCR

项目展示VCR主要通过视频将项目的重点及核心进行罗列展示。相比起文字及图片描述，视频更容易吸引评委注意，做好项目展示VCR对项目而言也是一大加分项。制作VCR有几种方式。一是团队自己制作，对项目有更好的把握度，可以最快地将项目优点提炼出来，视频剪辑软件操作简单，可以去了解尝试，但视频制作可能比较“粗糙”。二是，如果有资金支持可以请专业视频公司进行制作，他们拥有专业的人员和设备，能够将项目更好地具象化展示出来，缺点就是成本（资金、沟通）高、打磨时间较长（需要自己制作脚本大纲）。

④路演及答辩

在撰写完商业计划书，负责人要在计划书的基础上，根据内容制作PPT，再将计划书将囊括成为一篇演讲稿。我们语速为一分钟80~160字，路演时间一般为5~8分钟。答辩时间除外，因此我们应该准备一份1500左右的演讲稿，演讲稿配对PPT。演讲稿的内容需要反复熟悉，控制好每一页PPT内容和时间，在台上注意表情自然、落落大方即可。

在答辩环节一定要注意：对于一些数据和指标要心中有数，可以根据内容准备一些容易被问到的问题，并制作成题库，拟好相应的回答，在面对评委的时候很好地应对对方的提问。团队成员之间做好分工，答辩时候相互配合。

二、案例启示

近年来，我国推进医药互联网建设，传统中医药触网明显加速。《中医药健康服务发展规划（2015—2020年）》指出，运用云计算、移动互联网、物联网等信息技术，开发智能化中医健康服务产品。首次从国家层面提出，运用互联网技术融合发展中医药。

《关于推进中医药健康服务与互联网融合发展的指导意见》指出：中医药健康服务与互联网融合发展是将中医药养生、保健、医疗、康复、健康养老、中医药文化、健康旅游等中医药健康服务与互联网的创新成果深度融合，实现个性化、便捷化、共享化、精准化、智能化的中医药健康服务，对推进中医药供给侧结构性改革，激发创业创新活力，推动中医药传承发展，建设健康中国具有重要意义。大力发展以中医药理论为指导、以互联网为依托，融入现代健康管理理念的中医药健康服务模式，中医药在治未病中的主导作用、在重大疾病治疗中的协同作用、在疾病康复中的核心作用得到充分发挥，中国特色健康服务蓬勃发展，人民群众得到更多实惠。

从长远看，“互联网+”政策的密集发布将给中医药行业带来巨大发展机遇，在“互联网+”背景下，中医药人需要全产业链的格局和思维，并在各个节点上寻找机遇。比如，可以利用“互联网+”思维建立中药材基地。保证中药材的道地，进一步提升标准，种植上严格按照相关标准，各项操作均具有完整的记录。运用“互联网+”思维，建立可追溯制度的企业在未来很可能就会成为相关标准的制定者。

利用“互联网+”思维布局医疗终端。由于以医院为主的医疗终端是主要的药品销售市场，开设医疗终端得到国家层面的政策支持，如鼓励中医师的多点执业、鼓励社会办医等。立足未来，中医药医疗终端要运用互联网思维，充分考虑运用云平台、大数据、人工智能和区块链技术，提前布局。

中医药企业，还可以利用“互联网+”思维开拓中医药大健康版图。中医药在大健康领域中扮演着重要的角色，从可行性角度，发展中医药大健康食品养生产业和便携式可穿戴智能健康产品、养生艾灸、康复理疗、美容护肤等市场前景巨大。可以运用整体观和辨证施治的理念创新生产养生产品，开发药食同源的食品，在产品营销环节考虑网络渠道拓展，比如社群营销的架构，为养生大数据收集布局。

总之，从以中医药理论为指导、以互联网为依托，融入现代健康管理理念的中医药健康服务模式来看，互联网+中医药在未来一定大有可为，其将为中医药发展提供更加广阔的发展前景，并贯穿中医药服务、产业、文化、传承等各方面。可以形成更多适合国家发展、方便居民生活、适宜医生操作等模式，使得整个社会更加和谐、方便、高端。

（明荷）

下篇　中医创业就业实务

项目三　考取中医执业（助理）医师资格证

学习目标

1. 熟悉中医执业（助理）医师资格证的考试科目、考试题型、考试流程。
2. 了解中医执业（助理）医师资格证的分类。

案例导读

同学们毕业后就可以直接开展中医临床工作吗？不能。行医须先取得执业医师资格证书，并经注册后方可行医。本项目围绕同学们如何考取中医执业（助理）医师资格证书这一项目，就为什么要考、考什么、怎么考、如何考好等问题进行讨论。

思考题：医师资格考试的流程和题型有哪些？

一、为什么要参加考试

中医执业（助理）医师资格考试是行业准入考试，是评价申请医师资格者是否具备从事医师工作所必需的专业知识与技能考试。我国实行医师资格考试制度，考试成绩合格取得执业（助理）医师资格，经注册后方可从事相应的医疗、预防、保健业务。自1999年起，我国全面开始了执业医师资格考试。考试要求：入门水平、基本要求、全面考核、注重实践应用。

二、考试有什么特点

（一）考试性质

医师资格考试是行业准入性考试，目的在考查应试者是否达到从事临床医疗活动的基本专业知识水平和实践能力。它是一种标准参照测验，即医师资格考试成绩合格线的划定，不依赖于其他考生，而是决定于合格标准的高低。换句话说，不管今年有多少考生参加考试，也不管今年考生的水平如何，只要考试试卷审定和合格标准划定，就可以确定合格线。

（二）考试类别

医师资格考试分为两级：执业医师、执业助理医师。四类：中医（含民族医）、临床、口腔、公卫。

（三）报考资格

中医类别专业学生（中医学、针灸推拿、中医骨伤），在取得专科学历后，在医疗、预防、保健机构工作满1年的，可报名参加中医执业助理医师资格考试。取得中医执业助理医师资格2年后，可报考中医执业医师。

（四）考试时间及地点

学生毕业1年后可报名参加考试。每年考试的时间大致为3月份报名，6月或7月实践技能考试，8月底或9月初考综合笔试，部分省市在试点一年举行2次笔试，第二次笔试在11月。考试地点在报名所在地，具体地点由各省市考区指定。

（五）考试步骤

学生须先报名参加技能考试（三站式考核），合格后，方可参加综合笔试。笔试合格后，即可取得中医执业助理医师资格证书。

（六）考试组织

中医执业医师资格考试由国家中医药管理局中医师认证中心组织考试。并由其发布考试大纲和实施细则。

（七）合格认定

自2016年起，医师资格考试医学综合笔试部分类别执行固定合格分数线，均为取得60%分数即为合格。中医执业助理医师资格考试总分为300分，合格线为180分。

（八）注册执业

凭医师资格证书，经就业单位同意，到当地医生行政部门注册后，可在规定的执业范围从事医疗工作。

三、考试内容及如何考试

（一）技能考试

1. 考试内容　有专门的技能考试大纲规定具体技能操作项目及内容。全国统一组织命题，统一考试时间。

2. 考试方式　考生须参加三站考试，总分达到60分为合格。

站次	具有规定学历人员（中医执业、助理）			
	考试内容	考试分数	考试方法	考试时间
第一站（40分）	病案分析	20	纸笔作答（以后逐步机考）	50分钟
	病案分析	20		
第二站（35分）	中医操作1	10	实际操作	20分钟
	中医操作2	10		
	病史采集	10	现场口述	
	中医临床答辩	5	现场口述	
第三站（25分）	体格检查	10	实际操作	20分钟
	西医操作	10	实际操作	
	西医临床答辩（含辅助检查结果判读分析）	5	现场口述	
合计		100分		90分钟

3. 考试题型

（1）第1站第1题测试中医内科病证，样题如下。

题单：杨某，男，38岁，已婚，职员。2018年6月21日初诊。患者身黄目黄半月余，其身目发黄，黄色鲜明，上腹、右胁胀闷疼痛，牵引肩背，身热不退，或寒热往来，口苦咽干，呕吐呃逆，尿黄赤，大便秘，苔黄舌红，脉弦滑数。

答题要求：根据摘要，在答题卡上完成书面分析（病名、证型、辨病辨证依据及病因病机、治法、代表方剂、药物及用法）。

（2）第1站第2题测试中医外妇儿科病证，样题如下。

题单：赵某，女，29岁，已婚，工人。2015年2月19日初诊。患者停经43天，阴道少量出血伴腰酸腹痛3天。患者末次月经2015年1月7日，查尿HCG阳性，B超提示宫内早孕，可见胎芽。既往曾行人工流产两次。现症见阴道少量下血，色淡暗，伴有腰酸、腹痛、下坠，头晕耳鸣，夜尿多，眼眶暗黑，舌淡，苔白，脉沉细滑尺脉弱。

答题要求：根据摘要，在答题卡上完成书面分析（病名、证型、辨病辨证依据及病因病机、治法、代表方剂、药物及用法）。

（3）第2站第1题测试针灸推拿操作技能，样题如下。

题单：患者男性，28岁，腰部酸痛，拟取大肠俞、肾俞等穴治疗。

答题要求：叙述大肠俞、肾俞的定位，并在被检者身上取穴；在模具进行肘按法操作；回答考官提问。

（4）第2站第2题测试中医操作技能，样题如下。

题单:叙述并演示中医“脉诊”的操作方法及临床意义。

（5）第2站第3题测试中医病史采集技能，样题如下。

题单：男性，55岁，上腹隐痛不适2个月，呕吐咖啡色物1天。

（6）第2站第4题测试中医临床答辩技能，样题如下。

题单：请叙述淋证与癃闭如何鉴别。

（7）第3站第1题测试西医体格检查技能，样题如下。

题单：演示肱三头肌反射的检查方法。

（8）第3站第2题测试西医操作技能，样题如下。

题单：演示前臂出血时采取屈曲加垫止血法的操作方法。

（9）第3站第3题测试西医答辩含辅助检查判读技能，样题如下。

题单：患者，男，62岁。冠心病史20余年，1天前活动后突然感到心悸，伴胸闷，出冷汗。心电图表现如下（提供心电图图片），请做出诊断。

（二）综合笔试

1.考试内容　综合笔试共14个科目，其中，中医基础4个科目约占26%，中医临床5个科目约占50%，西医学3个科目约占20%，医学人文2个科目约占3.3%。各科目构成比例见下表。每个科目具体考试内容由考试大纲和考试大纲细目予以明确。

科　目	分值	构成比
中医基础理论	20	6.7%
中医诊断学	20	6.7%
中药学	20	6.7%
方剂	20	6.7%
中医基础　合计	**80**	**26%**
中医内科学	45	15.0%
中医外科学	25	8.3%
中医妇科学	25	8.3%
中医儿科学	25	8.3%
针灸学	30	10.0%
中医临床　合计	**150**	**50.0%**
诊断学基础	20	6.7%
内科学	30	10.0%
传染病学	10	3.3%
西医学　合计	**60**	**20.0%**
卫生法规	5	1.7%
医学伦理学	5	1.7%
医学人文　合计	**10**	**3.3%**

注：基础医学的解剖、生理、病理、药理等融入诊断、传染病学和内科学中考核。

2. 考试方式　中医执业助理医师资格考试的综合笔试分为两单元，考试时间为1天，上午考第一个单元，下午考第二个单元，每个单元考试时间为150分钟，每个单元分值为150分，总分为300分。

3. 考试题型 中医、中西医结合医师资格医学综合笔试全部采用选择题形式。各类选择题均由题干和选项两部分组成。题干是试题的主体，可由一段短语、问句或不完全的陈述句组成，也可由一段病例或图表、照片及其他临床资料来表示；选项由可供选择的词组或短句组成，也称备选答案。

考试采用 A 型和 B 型题，共有 A 1、A 2、A 3、B 1 四种题型。

（1）A1 型题（单句型最佳选择题） 答题说明，每一道试题下面有 A、B、C、D、E 五个备选答案。请从中选择一个最佳答案，并在答题卡上将相应题号的字母涂黑，以示正确答案。

例：三焦经在上肢的循行部位是（ ）

A．外侧前缘

B．内侧中线

C．外侧后缘

D．内侧前缘

E．外侧中线

（2）A2 型题（病例摘要型最佳选择题） 答题说明：每道试题由两个以上相关因素组成或以一个简要病例形式出现，其下面都有 A、B、C、D、E 五个备选答案。请从中选择一个最佳答案，并在答题卡上将相应题号的相应字母涂黑，以示正确答案。

例：患者心烦不寐，入睡困难，心悸多梦，伴头晕耳鸣，腰膝酸软，五心烦热，咽干少津，舌红少苔，脉细数。其证候是（ ）

A．肾阴虚证

B．心阴虚证

C．肝血虚证

D．心肾不交证

E．肺肾阴虚证

（3）A3 型题（病例组型最佳选择题） 答题说明：以下提供若干个案例，每个案例下设若干道试题。请根据案例所提供的信息，在每一道试题下面的 A、B、C、D、E 五个备选答案中选择一个最佳答案，并在答题卡上将相应题号的相应字母所属的方框涂黑。

（1～3 题共用题干）患者，男，24 岁。颜面下肢浮肿 5 个月，加重 1 周。浮肿腰以下为甚，按之凹陷不起，伴脘腹胀满，纳呆便溏，面色不华，神倦肢冷，小便短少，舌淡苔白腻，脉沉弱。

①其证是（ ）

A．风水泛滥

B．湿毒浸淫

C．水湿浸渍

D．脾阳虚衰

E．肾阳衰微

②其治法是( )

A．分利湿热，行气消肿

B．温运脾阳，以利水湿

C．温肾助阳，化气行水

D．健脾化湿，通阳利水

E．宣肺解毒，利湿消肿

③治疗应首选的方剂是( )

A．实脾饮

B．济生肾气丸合真武汤

C．疏凿饮子

D．五皮饮合胃苓汤

E．越婢加术汤

（4）B1型题（标准配伍题） 答题说明：两道试题共用A、B、C、D、E五个备选答案，备选答案在上，题干在下。每题请从中选择一个最佳答案，并在答题卡上将相应题号的相应字母所属的方框涂黑。每个备选答案可能被选择一次、多次或不被选择。

例：

A．加味逍遥散

B．调营敛肝饮

C．木香顺气散

D．柴胡疏肝散

E．失笑散合丹参饮

①治疗胃痛瘀血停胃证，应首选的方剂是( )

②治疗胃痛肝气犯胃证，应首选的方剂是( )

四、如何准备考试

（一）打牢专业基础，关注考试动态

在校学习期间学习各科目，认真实习，熟悉考试政策和具体要求，打牢理论知识和技能基本功。关注国家考试要求及动态变化，毕业当年积极报考，认真复习和准备。建议同学们及时了解考试大纲、实施细则和练习题，掌握考试的具体内容。

（二）把握考试方向，掌握考试特点

医师资格考试注重理论知识的综合应用和解决实际问题的能力。一是理论知识与应用能力考核并重，主要体现在对实践技能进行单独考核，合格后方可参加综合笔试。二是注重各科之间知识的关联性和与实际应用相结合。在综合笔试中，临床科目的分值占比高，基础科目侧重于考查与实际应用相结合的知识。对一些中医医史文献，如《黄帝内经》等

经典著作涉及不多。因此，在复习时要区别于一般性的考试，注意各章节之间，各科之间知识的内在联系，注意与临床实践结合起来。综上所述，深入全面了解医师资格考试，精心制订复习计划，遵循大纲全面复习，熟悉考点，做好充分准备，沉着应战，这是考试制胜的法宝。

（三）明确考试要求，熟悉考试环节

要了解本地方考试的具体办法，尽量能了解考试的方式、具体步骤，甚至是大致内容。即明确技能具体怎样考，分为几站，各站的具体考试办法，侧重考试的内容，所占分值比例等。

（四）紧扣大纲全面复习，查漏补缺不留盲区

从历年的考题来看，医师资格考试的考题从来没有超过考试大纲范围，考查的知识点都是常用的基础知识和必备的基本能力，没有偏题，没有特别难的题。只是由于试题涉及的范围较广，内容较多，许多考生感到无从下手，知识上存在着较多盲区，考试时丢分较多，考试成绩达不到合格要求，这才是医师资格考试的真正难度所在。因此，单从应试的角度而言，复习着重讲究一个“全”字，但不必太深入，不能以偏概全，更不能去钻牛角尖。有的考生喜欢猜题，只把自己认为可能要考的一些知识复习了，结果是败多胜少。这是医师资格考试复习的大忌！

严格按照大纲要求，全面复习。对自己熟悉的内容，进行快速的重现和强化，对不熟悉的内容，进行查漏补缺。要对大纲要求的知识进行目标式、扫障式复习。不能主观认为某些大纲规定的内容不考，就不复习。也不能认为某个科目对自己来说太难，干脆就放弃。这样会形成知识盲区，到时白白丢分。

（五）临阵练习突出重点，苦练操作强化技能

由于考试内容甚多，在全面复习的基础上，在临考之前要有的放矢，进行针对性的重点复习。如病历书写，一定要按照考试要求练习写几个病历；要练习体格检查；要学会戴无菌手套，穿脱隔离衣，练针刺、灸、拔罐、推拿手法；多找几个化验单进行判读，对要求的几种心电图，X线片要会判读；对病史资料的采集要反复练习；对常见的问题要进行准备。

（六）调整心态从容应考，站站为营每分必争

考试前要熟悉考试环境，做好生活安排。遵守考场及考试纪律，服从考官安排。由于分三站考试，考生较多，有的考生可能各站间考试要等待较长一段时间，考生要调节好心态，不慌不忙，沉着应战。考生间不要相互讨论或探听考试情况，尽量不受其他考生的干扰。考生要步步为营，不要没考完就沾沾自喜，也不要垂头丧气，自己放弃，尽量要做到每分必争。

（王家陟）

项目四　医院就业

学习目标

1.熟悉医疗卫生人员个人发展路径。

2.了解就业前我们需要做好哪些方面的准备。

案例导读

医学专科毕业生可以选择公立医院、私立医院就业，以基层医疗机构就业为主，如乡镇卫生院、社区卫生服务中心等医疗卫生机构。医院多以聘用为主，部分边远地区、乡镇卫生院和社区卫生服务机构可以通过公招考取事业编制。所以，毕业生就业时首先要有准确的定位，先就业，再择业，不可盲目地追求大医院、大城市，只要努力，在各类医院都能有所作为。

思考题：你的就业选择主要考虑哪些因素？

一、医院就业准备

（一）扎实专业本领

要立志进入医院工作，应该从大一就开始做好准备，打好扎实的专业理论基础。不仅专业知识要丰富，更要有扎实的实训操作技能，只有这样才能在将来的医疗卫生事业中有所作为，有条件的可以利用寒暑假到医院见习。实习阶段很重要，刻苦勤奋地实习，主动思考，举一反三，为进入医院工作做好专业准备。要有意识地培养自己在专业上某一方面的特长，为以后从事专业工作提供更多的可能和机会。

（二）提升综合素质

医学教育事业发展迅猛，医疗模式也在发生翻天覆地的变化，这给新一代的医学生提出了更高的要求和希望。医学是关于人的健康与疾病的科学与技术，医生所从事的工作往往是团队工作，必须学会与人合作。因此作为未来医务工作者的医学生还必须具有广博、丰富的人文知识。这就要求医学生在努力学习业务知识和提高专业技能的同时，积极主动地学习和掌握更广泛的人文社科知识，尽快提高自身的人文素质。这不仅是对医学生综合素质的要求，而且也是适应当今科学素质与人文素质相结合的人才培养模式的需要。

（三）养成高尚医德

医德作为医生的重要衡量标准在不同程度地督促着医学生的进步。医学生必须具有良好的道德品质，这是塑造高素质医学人才的基本要求。它不仅直接决定着医学生今后的职业道德面貌，也是衡量其能否赢得患者和社会尊重的重要标准。培养良好的道德品质要求医学生要始终牢记“健康所系，性命所托”的誓言，要具有良好的医德医风，要自觉树立“全心全意为患者服务”的意识和“患者利益高于一切”的信念。在日常的学习和生活中，要努力做到举止文明、热情大方、言谈得体、富有同情心、尊重和关心患者，并能够自觉抵制医疗行业的不正之风。

（四）提升身心素质

“救死扶伤、治病救人”是医学生未来的职责和使命，这一职责和使命的实现离不开健康的身体和心理。这就要求医学生必须具有良好的身体和心理素质。医学生良好身心素质的塑造应当符合当前社会准则和未来职业的要求。对于医学生来说，不仅要有强健的体魄和较强的耐力，更要有平易近人的个性，坚忍不拔的意志和乐观向上的精神面貌，同时还要有良好的承受挫折能力、自我调适能力、人际沟通能力和环境适应能力等。

（五）调整就业心态

毕业生首先要有一个积极就业的心态，唤醒自己的主体意识，主动出击，积极求职。就业过程中，在面对困难时，心态是最重要的，调整就业心态培养抵御挫折的能力。有了积极的心态就可以思维敏捷、精神饱满的投入到求职的具体准备及过程中，可以屡败屡战而不气馁。当你面对压力的时候大家也都在面对，你难他也难，很多时候坚持和积极就是最重要的。

（六）调整就业观念

当前的形势下，多人争抢一个职位的现象屡见不鲜，我们建议要采取广泛就业策略，从最坏处着想，最好处努力，可以选择中小城市，或者大城市的小医院，甚至与医疗相关的产业先行就业之后再慢慢调整，即所谓的先就业后择业，用时间换空间。

（七）关注就业信息

人们常常抱怨自己的运气差，有些机会知道得晚了一步，好的职位被别人占掉了，很多时候都是这样的。很多人错失发展的大好机会，有的是由于胆识不够，但很多是由于没有及时的信息。在当今社会信息很重要，很多中介机构就是靠信息服务而生存。所以信息的获取至关重要，所有可以获得信息的渠道都不要放过，特别是要经常关注各级人力资源和社会保障局网站，医院公招信息多在此发布。

（八）提高应聘能力

首先是对招聘单位整体情况进行了解。在此基础上，求职者还要有意识地去了解招聘单位的规模、行业地位、发展态势、企业文化等。总之，情况掌握得越多越好。其次是对应聘岗位的了解。求职者要了解应聘岗位的工作职责、工作方式、在组织架构中的位置、在单位中的发展空间等，还要了解这个岗位的工资福利待遇。最后是要掌握笔试内容，应聘技巧，面试技巧等。

二、发展路径

真正踏进医院大门的那个阶段应该是见习，见习只能看不能操作。再然后是实习，开始学会上手做一些简单的操作，学会一些常见问题的解决方法。开始考证拿执业医师证，慢慢地开始科室轮转。拿到执业医师证，开始独立完成值二线班。不知不觉就变成了一名正式的医生了。但这远远不够，从你担任起每一位患者的主治医生开始，你就要为你的医疗行为负起责任。一般刚上手的医生，压力都是非常大的，不过很快就会习惯的。一切都是从不会到会，如果你把自己定义为实习生，那你将永远是实习生。等你去到了医院，在临床病房待了一段时间，就会发现以前那些晦涩难懂的知识，已经逐步变得生动形象，印在你脑海里的记忆可能一辈子都忘不了，一次疝气手术就能让你一下子记住了腹股沟的结构。总的来说，一个医学生变成医生的过程中，有着各种各样的难忘瞬间，当知识被赋予了意义，医学生也就成长成了医生。

三、基层医院就业发展实例

（一）就业简介

陶某，男，中医骨伤毕业生，2018年考入四川省某卫生院工作，同时派往上级中医院进修1年，2019年调入四川省某中心卫生院工作至今。2020年医院年度考核中他被评为“优秀职工”，同时被医院重点培养，成为医院业务骨干。

（二）发展历程

1.在校努力学习，积极参加活动，提升自己综合素质　陶某是我校中医学院的一员。他思想上，严于律己，作风正派，尊敬师长、团结同学、阳光上进，在学院领导和辅导员的培养下，成长为了一名光荣的中国共产党党员。入校后即担任班级团支部书记，先后被选举为班长等。在学好专业知识的同时，努力提高自己综合素质。他还积极组织义诊、联谊、团日活动等寓教于乐，在策划组织活动期间，能够做到尽职尽责，得到了班级同学们的尊重与肯定。在校期间曾获得国家励志奖学金、优秀学生干部、优秀共青团干部、优秀青年志愿者、优秀大学毕业生等荣誉称号。

2. 毅然选择基层就业　毕业后，他放弃大城市工作机会，主动报名选择基层就业，选择到祖国偏远的地方，扎根基层，留在基层，奉献基层。他来到偏远的某卫生院工作，用自己的实际行动为基层医疗贡献自己的力量。

3. 善于抓住机会 到卫生院工作后，在镇党委、政府对精准扶贫工作的指导下，他主动报名投身下乡扶贫的道路上，以农民增收为重点，以三不愁两保障为目标，实实在在地为人民服务。脱贫攻坚贵在精、准、实，为了收集最详实的第一手资料，他经常顶着烈日酷暑的夏天，冒着寒风冷冽的冬天，去深入群众、走访群众。他总是亲自到农户家中，了解贫困户生产、生活中遇到的困难并及时记录。一年下来，他走访入户200余户。

他踏实的工作表现得到了认可，也给自己争取到了一个表现的机会。鉴于他出色的工作表现，在医院年度考核中被评为“优秀职工”，拟安排为科室负责人。

（三）案例启示

这是一个典型的基层医疗机构就业案例，从大学期间的学习到进入卫生院工作后，从他工作经历中可以得到很多的启示。一是陶某没有一味地追求大城市或者留在自己家乡就业，如今在交通发达的时代，距离已经不是问题了。二是基层就业是我们专科医学生的天地，不能一味地追求大医院，小医院也能有大作为。三是有机会表现自己的时候一定要抓住机会，要学会发光，还要让人看到你发光。四是要有好的工作态度，能力可以培养，态度决定一切。五是要有扎实的专业知识和全面发展的综合素质，这是成为一个优秀医生的必要条件之一。

（戴友军　陶春明）

项目五　企业就业

学习目标

1. 熟悉企业就业案例带给我们的启示。
2. 了解在企业就业的特点和案例。

案例导读

大学生就业问题是关乎我国经济发展、民生改善和社会稳定的重大问题。随着我国经济结构的调整、产业升级、经济发展速度趋缓、高等教育的大众化的影响，大学毕业生的就业备受关注。专科毕业生作为高校毕业生大军中的一员，一方面受到高校扩招的冲击，在就业过程中承受着高学历毕业生的竞争压力；另一方面，又顺从专科教育发展趋势，面临着与日俱增的同类毕业生数量的压力，残酷的竞争环境让专科学生的就业更加值得关注。

随着改革开放的进一步深入，医疗机构及其相关行业均迎来了蓬勃发展，社会多元化的发展，包括民营经济在内的非国有经济成分在社会经济生活中发挥着越来越大的作用，且受到国家的保护、支持和鼓励。国家也鼓励人才到这些领域就业。“十三五”期间，国家重点产业布局包括中老年服务消费、成长型养老民企、民营医院龙头、养老服务、健康医疗、医疗养老保险等这些行业，广大医学毕业生都可以投身就业。近几年来，医学生选择企业就业的概率呈上升趋势，成为最显著的变化之一。实践证明，大学生在这里同样可以实现自身的价值。

医学毕业生要调整就业观和期望值，降低就业层次，拓宽就业地域。抢先到目前经济虽然欠发达，但发展后劲足、有广阔发展空间、大有事业可为的新兴城市去施展才华；要拓展就业领域，不必拘泥于专业对口，要敢于到与医学专业相近或相邻的新兴行业工作，如保健、康复、美容、医药、家庭护理、计划生育、临终关怀、养老院等，敢于到新办的企业或私营的医院去。适时调整自己的就业观，与社会协调同步发展。

无论企业还是事业单位，都要求毕业生踏踏实实工作，有热情、有干劲，这样才能一步一步往前走，特别强调敬业的重要性。毕业仅是完成了学业的一部分，在实践中认真学习，不断积累经验才是最重要的。团队精神和对企业文化的认同，也是企业选择毕业生的考虑因素。只有保持谦虚踏实的态度，才能在不同的环境中拥有较好的发展前景。

思考题：你认为就业最关键的因素是什么？

案例一　运动队就业案例

一、就业简介

朱某，男，中医学院针灸推拿专业学生，毕业后，在重庆某体育产业公司运动损伤康复中心工作。他学习优秀，专业技能强，在校期间多次在针灸推拿技能比赛中获奖；他是中国造血干细胞捐献者资料库的一名志愿者；他曾在中国国家青年男子足球队作为队医提供服务，成为学院少数能进入国家队服务的毕业生之一。

二、发展历程

励志前行，苦练针灸推拿。朱某就读于中医学院针灸推拿专业。刚进入大学时候的朱某，每天也是循规蹈矩地生活。后来他积极参加学院学生会工作，成为学院组织部的一员，到后来成为学校百汇工作室大学生众创空间的一员。他积极参加学校各类活动，参加学院辩论赛，获得过“最佳辩手”荣誉称号；参加学院针灸推拿技能大赛并获得二等奖；代表学校参加2016年全国中医药职业教育技能大赛——“华御杯”针灸推拿技能大赛，获得（高职组）团体三等奖、常用推拿手法三等奖。他始终坚持努力学习，相信付出终有收获。

出类拔萃，服务国家队。在校学习期间，老师提及过专业队伍队医这个行业，也说到过有校友在各类运动队当队医的事情。当时的朱某并不了解，但是很感兴趣，私底下主动搜集一些相关资料，这个行业越发的吸引了他，于是内心找到了一个小目标——成为一名国家级的跟队医师。毕业找工作的时候，他更多的是关注队医这个岗位，很幸运毕业后顺利来到重庆某运动损伤康复中心工作。在前期的岗前培训中，由于他是非学康复专业，所以就更加地认真。他珍惜这来之不易的机会，培训结束后，被派到重庆市体育运动技术学校跟队，负责拳击队的医疗保障。后来，由于专业技能上的加强，就派他跟一些层次更高的队伍，再后来去到中国国家青年男子足球队服务，在国家队服务期间，努力工作，期间经常要外出训练，工作强度很大，但从来没有退缩过。在国家队服务了差不多过一年时间，由于工作上突出的表现，朱某被调回运动损伤康复中心任运动康复骨干治疗师，并被单位评为“优秀员工”“护力特之星”。

三、案例启示

随着全民健身不断普及，一些体育俱乐部、运动队、运动学校等单位都对康复、中医类、中医养生保健等专业学生有需求。医学毕业生应立足于现实，拓宽就业领域，不必拘泥于完全专业对口，从长远的职业发展来规划自己的人生。

案例二　健康服务就业案例

一、就业简介

祁某，女，针灸推拿（美容方向）学生，现担任深圳市某公司品牌部长。在校期间，她担任班长，成绩优秀，综合素质高，进入公司工作后，她努力攀登，工作期间不断积累经验，仅用六年时间，从一个实习生晋升为品牌部长，多次获得公司表彰，曾获得“最佳新人进步奖”、个人业绩“年度王者”“五年贡献奖”等。

二、发展历程

积极向上，努力提升综合素养。她收到了针灸推拿（美容方向）专业的录取通知书，肩负着父母的寄托与期望，满怀憧憬踏上了求学之路。刚步入大学生活的祁某，在学习上始终不放松，刻苦钻研，成绩名列班级前茅；本着锻炼自己的宗旨，她竞选班长、积极参加社会实践和各级各类比赛，获得了励志奖学金、学院技能大赛三等奖、三好学生等多项殊荣。

明确目标，积极投入工作。她曾在成都某中医院实习。实习期间她工作认真负责，在带教老师的指导下，专业素养得到极大提升，实习结束后她收到了医院主任的认可。她对自己的职业规划有着清晰的认识，医院相对繁忙又紧张的工作环境并不适合自己，于是在与老师、家人商量沟通后选择了现在的公司，开启了她的职业生涯。

努力拼搏，勇于攀登高峰。在职场上，她不断挑战着自己，不断挖掘自己的潜能。工作第一年，几乎没有主持经验的她承接了大型美容培训会议的主持人工作，这对她来说这是一项巨大的挑战。为了圆满完成任务，她向前辈请教，自己备稿、串场、衔接流程等，经常工作到深夜，经过不懈努力，会议最后圆满结束。通过这次工作，她找到了核心竞争力，突出的才能使她让更多的客户记住了，也为她赢得了宝贵的提前转正。工作没有想象中的那么一帆风顺，不停地出差、培训、销售，及一成不变的工作和生活的压力都让她有了放弃的念头，她遇到了工作的瓶颈期。这时，恰逢公司准备推广高端品牌，她眼前一亮，认为这是一个新的机遇，但是新的领域意味着要从零开始，从零积累。毫不犹豫，她果断选择了后者，从头开始找回原来的热爱。从无到有，从谈合作到下店服务，感受着创业的艰辛，好在所有的付出都带来了好的结果。祁某及其团队创造了公司业绩完成比例第一，她个人业绩也做到了全公司第一的成绩。祁某晋升为品牌部长，获得了“王者之师”团队奖、个人业绩“年度王者”奖等。

三、案例启示

职业本身并无好坏之分，关键是所从事的职业与自身的职业生涯规划的契合度，只有最适合自己的才是最好的就业去向。本案例是典型的企业就业的例子，祁某在就业选择的十字路口时，结合自己的特点，如基本能力、工作风格、兴趣爱好、价值观念等，对自己进行职业定位，确立了职业目标，制订了职业规划。进入职场后，坚定不移按照职业规划不断前进，不断提升自己，最终成就自己。

（韩月　朱力　祁春花）

项目六　自主创业

学习目标

1. 熟悉创业历程，并从中受到启发。
2. 了解创业故事。

项目 6–1

案例一　创办中医诊所

案例导读

蒋某，男，我校首届中医学专业毕业生。毕业工作8年后想要在学校周边开办一个中医诊所，可行吗？答案是：必须行！他在学校周边创办了中医诊所，受到好评。

2017年9月22日以前想要开办个人的中医诊所需要取得中医类别医师资格证书并经注册后在医疗、预防、保健机构中执业满五年，但是现在《中医诊所备案管理暂行办法》中规定执业满三年，就可以开办！

思考题：开办中医类诊所需要满足哪些条件？

一、创业历程

蒋某家住农村，他的曾祖父是当地有名的老中医，在他印象中的曾祖父不苟言笑，但对待患者极好。他的父亲业医便是传承自他的曾祖父。从小耳濡目染，在曾祖父及父亲身上看到了医者的淳朴与高尚，还有什么比帮助他人减轻痛苦更有意义呢？所以，承父志，他也想当一名中医。

他成了一名中医专业辅修班学生。彼时，他年过三十。有人劝他："人过三十不学艺，你这时候才开始，能学得出来吗？"但他不顾别人的言论，认定一个目标：余生将以中医为业。在校期间，因为记忆力较差，他就采用了最笨的学习方法：抄书。辅修的一年中先把《解剖学》抄一遍，再把《生理学》抄一遍。于是，一年后在全校中医、西医、护理、药学共一千余名学生中以专业课排名第一的成绩成功升入大专。除了看书学习抄书之外，他还自联医院见习。到我校附属医院等跟师抄方。他放弃了所有的周末和节假日，但收获更丰，积累了经验，增长了见识。实习期间更是全身心投入，虚心接受带教老师的教诲。在中医门诊实习的最后半个月，带教老师肯定了他的水平。

毕业之后，他先后在自家的诊所里面帮过忙，又在外面的诊所坐过诊，这个过程他持续了八年。但是在这之后他陷入了深深的苦闷之中。于是停了门诊，归零自己，重新进入医院跟师。

再次跟师，经历了实践临床之后的他代入感更强了，也更进一步理解了中医药的妙处：是何病？为何因？何为机？立何法？选何方？遣何药？无一不需审慎，老师为何会问这一句？他问这一句是要联系哪一脏腑？将会用何方？选哪一味药？要跟着老师的思维便如同自己临证一般。良好的说服能力来源于扎实的医学知识、显著的临床疗效和为他人着想的医者之心。坦诚沟通才是信任的基础。

他决定结束现有的生活，开始新的征程，返校开办自己的中医诊所。他认为回来跟着老师们一起，他能得到更大的提高。毕业八年，除了开始的前三年进步不小，之后的五年基本停滞，再同样五年还是看不到未来，如果创业五年呢？可能一切都不同了。于是在老师们的支持与鼓励下，他开始筹办自己的中医诊所。诊所开办以来为学校的师生、周边的群众带来的极大的便利，也备受大家好评。

二、案例启示

（一）熟悉政策法规

开办诊所是许多从医者的职业目标，但并不是取得医师资格证就可以立马开办自己的诊所。根据《中医诊所基本标准》的要求，要开办中医诊所，必须从业达到一定年限，并满足相应的条件。2017年发布的《中医诊所备案管理暂行办法》规定，开办中医诊所应当同时具备多个条件。具体如下。

1. 必备条件

（1）个人举办中医诊所的，应当取得中医类医师资格证并在医疗、预防、保健机构中注册执业满三年或者具有《中医（专长）医师资格证书》；法人或者其他组织举办中医诊所的，诊所主要负责人应当符合上述要求。

（2）符合《中医诊所基本标准》。

（3）中医诊所名称符合《医疗机构管理条例实施细则》的相关规定。

（4）符合环保、消防的相关规定。

（5）能够独立承担民事责任。

《医疗机构管理条例实施细则》规定不得申请设置医疗机构的单位和个人，不得举办中医诊所。

2. 提交材料

（1）《中医诊所备案信息表》。

（2）中医诊所主要负责人有效身份证明、医师资格证书、医师执业证书。

（3）其他卫生技术人员名录、有效身份证明、执业资格证件。

（4）中医诊所管理规章制度。

（5）医疗废物处理方案、诊所周边环境情况说明。

（6）租房合同及分区布局规划图。

（7）消防应急预案。

法人或者其他组织举办中医诊所的，还应当提供法人或者其他组织的资质证明、法定代表人身份证明或者其他组织的代表人身份证明。

（二）熟悉开办流程

1. 市场调研

市场调研是开办诊所的第一步，也是尤为关键的一步，所谓知己知彼则百战不殆，对于即将落成的诊所来说，了解周边情况，人流量、需求等极其重要。调研需要从哪些方面着手呢？主要分为以下几个方面。

（1）调查范围内人群的数量分布、性别结构、年龄结构、文化程度、职业特点和收入水平。

（2）周边人群的身心健康水平、饮食习惯和疾病谱特点。

（3）范围内人群的健康意识、就医习惯、参加医疗保险的人员比例。

（4）范围内的医院、卫生所、诊所、社区服务中心（村卫生室）的分布情况，各自的实力分布，专业分布，目标人群。

（5）现有医疗机构服务内容、服务水平、服务态度、疾病的治愈率以及周围群众的满意度。

（6）目标人群对这些医疗机构的评价如何？喜欢什么样的医生？喜欢什么样的服务？对哪些情况不满？原因何在？

（7）正在运营的各个医疗机构收费标准如何？患者的接受程度怎样？有无和自己同类型的医疗机构？是否成功？成功或失败的原因何在？

（8）民营医疗机构在当地的发展状况如何？现营医疗机构在当地的生存状况是否乐观？

（9）当地政府部门对民营医疗机构的支持力度如何？有哪些利好政策和措施可以参考和利用？

（10）当地是否成立行业协会？行业协会给民营医疗机构提供过哪些支持？制定过哪些有利于诊所发展的行业规定？

2. 资金筹备 开办诊所需要耗费精力，同样需要财力。资金花费主要分为两大方面。

（1）开办资金的预算 营业场所租赁、装修费用、注册相关费用、医疗设备及办公设施购置费用，通信、咨询、手续、开业仪式等费用。

（2）运营资金的预算 员工的薪酬、服装、交通、差旅、通信、培训、水费、电费、物业管理费和医疗垃圾处理费（有的地方没有），广告宣传和营销推广费用，税务、贷款利息的支付，医疗责任保险和火灾意外险的购买等。

3. 选址 可根据拟开办诊所的服务项目和业务特点，找到较为合适的区域，并结合前期诊所目标客户和该区域实际情况的调研及与业主的沟通作出评估，最终做出选址决定，在和业主签订租赁合同时，一般建议以5年为时间单位。至于诊所面积，满足功能需要即可，一般要求不低于$40m^2$。

4. 诊所设计及规划

（1）诊所格局要求：备案诊所只需要功能分区，至少设置候诊区、就诊区。综合诊所必须四室分隔：诊断室、治疗室、药房、观察室。

（2）根据开展的诊疗范围不同，开展中药饮片和中成药调剂服务的，服务区域应当相对独立，开展中医非药物疗法的，应当设置独立的治疗室。

5. 人员配备 诊所的开办并不是只要有一名医生就可以了。规定要求诊所从业人员须身体健康，能够胜任相关工作。在诊所内至少有1名执业医师，具有中医类别《医师资格证书》并注册执业满3年；或者具有《中医（专长）医师资格证书》，经注册依法执业。需要进行中药饮片调剂的，至少有1名具备资质的中药技术人员即中药师。如果是开办中医综合诊所，那还应有一位注册护士。

6. 注册登记 所有的东西准备齐全，就可以将需要提交的材料提交给当地卫健委，法人或者其他组织举办中医诊所的，还应当提供法人或者其他组织的资质证明、法定代表人身份证明或者其他组织的代表人身份证明。一般情况下，20个工作日左右就能拿到中医诊所备案证。备案证办理成功即可办理执业注册。

7. 诊疗设备

“工欲善其事，必先利其器”开办诊所，除了选址，还要准备相应的设备及器械。包括以下内容。

（1）基本设备 诊桌、诊椅、脉枕、紫外线消毒设备、污物桶等。

（2）有与开展诊疗范围相适应的其他设备 血压计、体温计、听诊器、电脑、处方系统、病历系统、监控系统、煎药机、冷藏柜等。

8. 宣传途径 万事俱备，就可以开业啦。必要的宣传能增加诊所的知名度，让更多的群众知晓，也能更好的为患者提供服务。至于宣传方式可以参考以下途径。

（1）室外宣传 如店名招牌、坐堂医姓名简介、主治疾病。

（2）室内宣传 如春联、荣誉、大夫介绍、疾病介绍等。

（3）新闻媒体 如电台、电视、报纸、新媒体。

（4）社会活动 如开业仪式、义诊和参加展销集会会议。

（5）广交伴侣 与类似机构或诊所进行定期沟通交流。

开办中医诊所需要调研、选址、规划、人员、设备等，缺一不可。因此需要大家从现在开始坚定目标，掌握基础知识，顺利拿到医师资格证书，在临床获取更多宝贵的实践经验，为实现自己的目标而不断努力奋斗。

（许周洁 蒋谷）

案例二 创办企业

案例导读

肖某，男，中医学院针灸推拿专业学生，毕业后，现为重庆某健康管理有限公司法人代表，负责人。他在校期间学习努力刻苦，在校期间多次被评为优秀团支部书记，优秀学生等荣誉。

思考题：你认为医疗类创业的方向应如何选择？

一、创业历程

在校期间，他刻苦钻研技术，在专业理论上取得优异成绩，得到老师一致认可。刚进入学校时，他对针灸推拿这个行业还是非常陌生和抵触。随着不断深入地学习，特别是在学习阴阳五行、脏腑经络时就发现自己越发对此感兴趣。在学校的安排下，曾经多次组织团支部大型社会公益活动，如下乡、去敬老院等，活动结束后得到了老师们的好评。

在毕业以后，顺利进入了重庆某儿童医院。他在专业技术上的踏实努力，在脑瘫儿童的康复训练当中提出了自己的方案和计划，得到了认可和采纳。由于重庆离家太远，在工作一年后，又来到了重庆某医院工作了5年，在此期间将儿童医院的新技术、新思路结合自己的学习和感悟开展工作，因他在专业领域的不断深入，取得了优异的成绩，科室成立了小儿推拿科，他承担了小儿推拿的治疗技术和理论研究，并且担任小儿推拿学科负责人。由于在小儿推拿技术上的不断突破，赢得了很多赞扬和肯定。在治疗儿童咳嗽、疱疹、扁桃体化脓、鼻炎等方面的效果很好。

时间转瞬即逝，他凭着对自己以后的规划和打算，毅然决定辞职创业，开办自己的儿童推拿机构，经过长达一年的思考，不顾家人的坚决反对离开了医院。他经过将近12年的努力，在专业技术上的不断突破，终于在技术上形成了自己的一套中医核心理论“推拿干预人体气机升降”。在治疗儿童咳嗽、哮喘、疱疹性咽峡炎、扁桃体化脓、儿童脾胃调理、儿童睡眠障碍等有显著效果。在技术上吸引了多家民营医院和社区医院，并定期开展技术培训。2015年被评为“中国百名优秀小儿推拿师”，2016年应邀参加重庆小儿推拿高峰论坛，并发表演讲，2017年被重庆市推拿按摩学会评为积极贡献奖。承担国家级、重庆市级盲人医疗小儿推拿培训任务，承担重庆市高校小儿推拿视频录制任务，也正在参与起草小儿推拿的地方标准。2020年5月，他所在的公司品牌被评为重庆市知名品牌。

二、创业启示

这是一个典型的创业成功的案例。技术是核心，也是学生们就业的方向和前景之一，拓宽了学生们的就业方式和渠道。

（肖燃）

参考文献

[1] 石卫华，李勇华.微阳态探析[J].中医药导报，2020，26（9）:112-114.

[2] 吴以岭.络病学[M].北京:中国中医药出版社，2006.

[3] 张景岳.类经图翼[M].北京：人民卫生出版社，1965.

[4] 石学敏.针灸治疗学[M].上海:上海科学技术出版社，1998.

[5] 冉茜，姜兴鹏.督脉电检测风险评估干预服的研究[J].针灸临床杂志，2019，35（11）:78-80.

[6] 朱兵.系统针灸学——复兴“体表医学”[M].北京：人民卫生出版社，2015.

[7] 张宗明.传承中医文化基因[M].北京:中国医药科技出版社，2015.